歌德格言集

林郁 主編

U0084458

前言

我們不需要

為了了解天空──

為何到處都是藍藍的一片

而環遊世界一周　　　　　　　──歌德‧箴言與省察

　　歌德與但丁、莎士比亞，並稱為世界三大詩聖。從他的年譜中可以看出，他不但是個政治家，也是個熱心於自然科學的研究者。但是，應該說，他是更偉大的詩人、作家。更進一步說，他也可能是人類史上完成最高成就的偉大人物。

　　歌德（Goethe, Johann Wolfgang von, 1749.8.28～1832.3.22），德國作家，世所公認的世界文學巨匠之一，也許是力圖像文藝復興時期偉大的知名人物那樣，爭取成為多層面的最後一個歐洲人：評論家、新聞工作者、畫家、政治家、教育家、哲學家。

　　出生於緬因河畔法蘭克福一個中產階級家庭。一七六五年十月進入萊比錫大學就讀法律系。在萊比錫，

他的文學收穫表現在一本洛克〔洛克 Locke, John（1632.8.29～1704.10.28）英國哲學家。知識面頗廣，對認識論、政治、教育、醫學更加熟練。〕風格占主導地位的《萊比錫詩集》上。一七六八年秋，因患重病，離開萊比錫回家。康復後，家人決定讓他到斯特拉斯堡布魯克大學繼續學習法律。他就在這家大學獲法學博士學位。

斯特拉斯堡成為他全部生活和創作的轉折點。在這裏，他同赫爾德結識，對他具有決定性的影響。歌德從赫爾德身上學到一種新的觀點，即藝術家應成為感情的各種表現形式的創造者；一種新的詩藝理論，即詩歌應成為人類富有創造性和生命力的語言；以及一種新風格的價值，也就是民歌、史詩等的價值。這種新的直接感受和他的生動語言啟發他寫出獻給初戀情人的抒情詩。這些詩開創了德國抒情詩的新時代。

一九七二年，歌德在一次社交舞會上，一見鍾情，他愛上朋友的未婚妻夏綠蒂，並為此寫下為世人所傾倒的《少年維特之煩惱》（一七七四）。它不是一部使人傷心落淚的作品；它真正的主題並非失戀，而是十八世紀的所謂狂熱：偏愛絕對會產生不幸的結果。

歌德從五十一歲開始到去世之前，三十年間，一直斷斷續續地寫作箴言。舊信封、稿紙空白的地方、便條紙，凡是手邊可以順手拿到的紙張，都寫滿了隨想性的箴言。

這些隨手寫下的箴言大概有八百多篇。在小說《親和力》與《威廉・麥斯特遍歷時代》、自然科學論文《色彩學》、雜記《藝術與古代》陸續發表之後，這些箴言尚未發表之前，歌德就去世了。這些箴言在歌德死後一年，由艾克曼與利馬共同整理，以《箴言與省察》的書名，正式出版問世。

《箴言與省察》可說是代表歌德晚年的重要著作之一，稱得上是世界上同類書中最具有價值的創作。歌德使用一點也不炫耀的真實語錄，表白他從八十年生涯的經驗與觀察中所得到的知識、見解與智慧。所以，只要能仔細閱讀，一定可以從中發現新的意義與暗示。總之，它絕不是內容空洞，單純賣弄知識，而是兼具高智慧與高深觀念、溫暖的心情與高貴道義情操，有關人生與社會、文化與歷史、科學與藝術的格言集。

這是一部快速了解歌德作品的精選語錄。藉由這些格言，可啟發您對人生做更睿智的思考。

最重要的是——

這些優雅的文字，不但字字珠璣、句句哲理，那鮮活的文字在彈跳之間，美得像詩，或許它本來的面目就是詩神⋯⋯

CONTENTS

◎ 凡例‧本書所收集之歌德語錄，
　　出處注明乃屬縮簡用語，如下所示皆是。
　　除了這些句子，其它用語則如實刊載。

PART 1

第一部

人類的智慧

第一節

人生與經驗

人生一世，

即使看到卑俗，

看到容易滿足的平凡生活，

心中仍然偷偷孕育著一顆高於其它要求的種子，

會尋求各種手段滿足這個要求。

——箴言與省察

> 我們總想把那些值得尊崇的東西據為己有。
>
> 那些東西如果是自己所創造的，
>
> 更是我們一生中最美麗的幻想。
>
> 即使它們會帶給我們許多痛苦，
>
> 我們也不會因此而死心。
>
> ——詩與真實

何謂俗物？

就是充滿恐怖與期待的心思。

神啊！請憐憫它吧！

——澤明・克社寧

在人類善良的靈魂裡，

隱藏著自然的珍貴情感。

它並不是只追求自己的幸福，

而是在別人的幸福中，

不斷追求自己的幸福。

—— 箴言與省察

在生活或學問中，

都要勤奮地走在徹底純粹優良的道路上。

即使途中遇到暴風雨和急流，

把你強行拉離道路，

它們仍然無法照自己的意思支配你。

如果你能更了解羅盤、北極星、測時計、太陽及月亮，

你應該可以一面照著自己的方法，

一面懷著寂靜的喜悅，

走完你的道路。

即使看見這條道路像圓環般繞轉，

你也不會覺得厭煩。

因為，所有環繞世界的航海者，

都會很高興地從原先出海的港口回家。

——澤明・克社寧

預言家說：

「我不能創造奇蹟，
但我的存在就是最大的奇蹟。」
—— 西東詩集

再不滿足的人類，
也可以在自己能力熟練的範圍內完美地活動著。
但是，如果缺乏適度，
再美麗的優點也會凋謝、廢棄、毀壞。
這種不幸在近代更是頻繁出現。
因為，在極為急速的動盪中，
誰能徹底滿足日益升高的各項要求呢？
—— 箴言與省察

人在忠實地把握現有之物的同時，
也開始喜歡古代流傳下來的東西。
所以，當別人告訴我們他們精心思考過的觀念時，
我們也必須表現出頗有同感的樣子。
—— 遍歷時代

能與研究的對象極緊密地一致，
便可由此得到如原有理論般纖細的經驗知識。
但是，這種精神能力的高漲，
只屬於擁有高度文化的時代。
—— 箴言與省察

人生是由以下兩種因素構成：

想做，卻做不到；

能做，卻又不想做。

──箴言與省察

無法妥善因應自己所處之環境的人，

會漸漸變成無法滿足於各種環境的謎樣人物。

如此一來，

可能因恐懼而抗爭，

從而毫無樂趣地消耗人生。

──箴言與省察

世界上有一種因為他什麼事都不想做，

所以在記錄上是毫無錯誤的人。

──箴言與省察

唯有無法規範內心的人會為了利己心與驕傲，

想去支配他人的意志。

──浮士德　II

逐步服從自己是最美好的狀態。

在這種狀態下，

怎可能不去愛呢？

──箴言與省察

與其喜歡有益的錯誤，

還不如去喜歡有害的真理。
真理或許會帶來痛苦，
但它也可以治癒痛苦。
——詩·四季

禮儀的所有外在標識都含有高深道義的基礎。
同時傳播這種標識與基礎，
才是真正的教育。
——箴言與省察

禮貌，是照出每個人自身之姿勢的鏡子。
——箴言與省察

人不一定要與對手站在同等的地位，
彼此才能得到更進一步的認識。
——箴言與省察

人在彼此認識的過程中，
要同時擁有最好的意志與企圖並不容易。
如果在這上面再加入惡意，
就完全扭曲了所有的苦心。
——箴言與省察

人類如果真的越變越低劣，

屆時除了因別人的不幸而高興外，
對於其它事將一概不感興趣。
—— 箴言與省察

惡德一定將災禍普及於無枉之人；

只有美德會帶給所有無緣的人無上的祝福。

—— 箴言與省察

一切都是平等的，也都不平等。

一切都是有益又有害的，

也都是想說時卻無言，

是理性同時也是非理性。

所以，人所表白的各種事情，

都會漸漸地互相矛盾。

—— 箴言與省察

每個人都有壞習慣，

而且根本無法根除。

但是，相當多的人會為了自己的壞習慣，

或是為了並非罪大惡極的壞習慣而毀滅。

—— 箴言與省察

傻子三部曲：

男人傲慢，小姐愛戀，女人嫉妒。
—— 箴言與省察

古諺有云：「不恥自己空虛的讚賞。」

事實上，不一定如此。

但是，每個人都不想去知道別人對自己的不當批評。

—— 箴言與省察

當我犯錯時，每個人都會發覺；

當我吹牛時，誰也不會注意。

—— 箴言與省察

我所做的各種正確之行，

我已不掛在心上。

但無心犯下的錯誤，

卻如幽靈般不肯從我眼中消失。

—— 警世性

當我們與施恩於自己的人見面時，

立刻會想起他的恩情。

反之，當我們與接受自己恩惠的人見面時，

會漸漸地不去想自己所施的恩惠。

—— 箴言與省察

・史普蘭格／知識的勝利

賢人若不犯錯，

愚人如何能不絕望呢？

—— 箴言與省察

對學生而言，
最恐怖的事莫過於必須與老師對抗，
以重建自己。
老師給的東西越強，
學生只會更不滿，
絕望只會更大。
　　—— 箴言與省察

　　　　「缺點」不一定是每個人生存的必要條件。
　　　　　　　　　　　　—— 箴言與省察

人到老時，越寬宏大量越好。
因為別人所犯的錯誤，
全都是自己曾經犯下的錯誤。
　　—— 箴言與省察

　　　　　　再偉大的人，
　　　　　也經常會為了一個弱點，
　　　　　與他所處的世紀扯上關係。
　　　　　　　　　—— 箴言與省察

將身體上顏色、紋身，

是回歸獸性的行為。

—— 箴言與省察

和解時代的各種錯誤會導致困境，

背道而馳會被孤立。

但是，即使和解得了，

也得不到名譽與喜悅。

—— 箴言與省察

如果這個世界的所有智慧在神的面前

只不過是屬於愚蠢之列，

人幹嘛還要辛辛苦苦地活到七十歲呢？

—— 箴言與省察

人經常不能從眼前的對象中看出什麼，

卻能惡作劇地看到所有已知、已理解的事。

—— 箴言與省察

沒有必要在俗惡的東西上浪費任何言詞。

因為俗惡的東西一出現，

馬上會遭到滅絕的命運。

—— 箴言與省察

當人們重複某人的話時，

總將這人的話做極大的改變。

那是因為他根本不了解這人的話。

—— 箴言與省察

我對大部分事情都保持沈默。

因為我不迷惑眾人。

而且，即使我生氣時他們仍然高興，

我也覺得很滿足。

—— 箴言與省察

雖然自覺好像漸漸誤解別人，

也不會在任何人面前亂說一句話。

—— 箴言與省察

傳播自己的心意給別人是人類的天性，

而原原本本地接受那些被傳播的東西則是教養的表現。

—— 箴言與省察

我在我的客人中，

最喜歡的是快樂的男子。

不能開自己玩笑的人，

不能入最上等人種之列。

—— 警世性

諸君，請將這種反對的言論

靜靜地交給我。
人在說話的時候，
已經開始因自己而迷失了。

—— 警世性

人都不想跟他人一起生活，

也不能為任何人而生活。

能正確地洞察這件事的人，

不但對尊重自己的朋友大有心得，

也不會因受迫害而憎恨自己的敵人。

人類只要同意了反對自己者的優點，

就不容易得到重大的利益。

那是因為，他已經給了他的反對者決定性的優越地位。

—— 警世性

·摩爾／聖母子

曾經被燒傷的兒童都怕火，

常常被太陽灼傷的老人也害怕曬太陽。

—— 箴言與省察

世界上如果有喜歡並追尋與自己同等之東西的人，

也一定會有喜歡追求反對自己之東西的人。

—— 警世性

不事先通知就突然拜訪人的習慣，

一般都是被禁止的。

通常，人都是想藉著這種訪問，

取得與自己沒有任何關係之人的想法，

或是提出對某人處境的看法。

我一點都不想知道別人的想法。

因為，我自己的想法已經夠多、夠難解決的了。

—— 與米勒的談話

我不阿諛宗教、科學、政治上的所有事情。

但是，大膽地說出心裡所想的事，卻經常讓我煩惱。

—— 艾克曼‧對話

如果是真正的同志，就不會長時間不和。

但是，個性不合的人不會永遠一致，早晚都會分開。

—— 箴言與省察

人類勉強地將自己拉離自己，

只是徒然傷害自己、廢棄自己。

同時，這也是極不自然的事。

——詩與真實

不要公開人世經歷的祕密，也不能公開。

因為，裡面有一顆一定會絆倒旅人的絆腳石。

詩人們常常在詩中暗示那個應注意的地方。

——箴言與省察

人生中有一個非常不可思議的地方，

那就是相信別人會引導我們。

失去這種信任，

我們只能一邊摸索，

一邊踏著蹣跚的步伐，

走向自己的道路。

有了它，我們就無往而不利。

——箴言與省察

朋友會為了我們而跟我們為友，

這對我們而言，是一種體驗。

但是，敵人對我們做的事就不算體驗了。

那是一種經驗，不接近它，

它就會像無法預測的災害、寒氣、暴風雨、雨雹般，

圍繞在我們周圍。

——箴言與省察

我們不需要為了了解天空

為何到處都是藍藍的一片,而環遊世界一周。

——箴言與省察

啊!人應該希望什麼?
靜靜地置身於可以保護自己的地方?
四處活動?
簡單地建立自己的家?
過著露天生活?
倚靠岩石生活?
再堅固的岩石都會動搖!
——詩集

天地永遠像穩如磐石的法則,
所以歲月才會年復一年重演。
春天交棒給夏天,
豐富的秋天親切地向冬天招手。
岩石沈甸甸地盤據著,水花揚起輕波,
從雲彩籠罩的斷崖上翻落。
松樹永遠那麼翠綠,即使落葉紛紛,
它也悄悄地在冬天時,
把幼芽孕育成強壯的枝幹。
一切都在法則下生長、死亡。
但是,支配人類寶貴之生命的,
竟是不定的命運。
——詩集

生之喜悅雖大，

有自覺的生之喜悅更大。

——西東詩集

我從各種經驗中得知，

世上有比歡樂中無法追求到的滿足更高的感情。

但是，在這更高的喜悅中，

結合力量的祕寶已被隱藏在不幸之中。

——美麗靈魂的告白

世界寬廣而美麗，

但我只由衷地高興自己擁有一座小庭園。

這庭園雖小，卻屬於我自己，

它的土地不需要園丁的灌溉。

傾心於自家之庭園的人，

必擁有名譽、快樂與喜悅。

——艾克曼·對話

與婦人的交際，是良風美俗的基礎。

——箴言與省察

才能形成於寂靜之中，

性格則形成於世間的激流之中。

——塔索

男人煩惱外界的事物。

他必須創造財富、保護財產、參與國家的行政，

總是被周圍的事務所左右。

一方面想支配，實際上又無法支配；

一方面想理想些，又必須顧及大局；

想要光明正大，卻又隱瞞；

想要正直，卻又不得不說謊。

為了不可能完成的目的，

必須在瞬間放棄與自己最協調且最寶貴、鍾愛的。

相反地，主婦則實際地支配內部。

她們可以成全全家人所有的活動與所有的滿足。

我們除了信任與善念外，

除了實際將有目的的手段歸予自己外，

何處有人類至高的幸福？

除了在家裡，哪裡有我們最接近的目的？

因為不斷地需求日常用物，

我們會經常在日常生活中，

為了自己與家人而準備廚房、地窖中的各類貯藏品。

如此不斷地奉行這種正常活潑的秩序，

是所有主婦必備的正確原則。

——學習時代

年輕時比較不在乎自己的作品。

由於不先抄副本，
所以幾百首詩都因此而消失了。

——艾克曼·對話

華麗的建築與房間屬於王侯與富翁。

住在那些建築中，

會越來越安定、滿足，無所求。

我的個性完全不適合。

——艾克曼·對話

屬於安樂的各種元素完全不合我的個性。

如你所見，

我的房間裡連一張沙發也沒有。

我總是坐在老木頭椅子上。

為了頭部而睡枕頭也是兩、三週前的事。

只要置身於安樂優美的布置中，

想法就會變得散漫，

情緒也會變得安適、消極。

這是從年輕時便養成的不同於他人的習慣。

況且，華麗的房間與優美的家具

是為那些沒有思想或不想有思想的人而專門設計的。

——艾克曼·對話

人生位於著了顏色的影子上。

——浮士德　Ⅱ

我們滿足於所有平凡的東西，

這沒有什麼好覺得不可思議的。

因為我們安於平凡，

簡直就像與朋友痛快暢飲般隨隨便便。

——箴言與省察

如果我是王侯，

我不會給那些專靠自己是名門貴族及年長者而日漸晉升，

到了老年又閒情氣定地走著已習慣的步伐，

而且未曾做過什麼特殊事情的人最高的地位——

我尋求的是年輕人，

但他們必須聰明活潑，

具備善良的意志、高尚的性格及各種才能——

如此一來，才可能有興趣去處理政治，啟發國民。

但是，哪裡才有能得到這般優良之臣下的幸福王侯呢？

——艾克曼・對話

陽光普照時，灰塵也會閃閃發亮。

——箴言與省察

將外在世界的手段引入自己的內心，

或為了我們高度的目的，

利用能力與意志，

如果其目的不是行善，

那麼善究竟是什麼？

我確曾告訴自己，

我應該擁有謙虛地說出自己之感覺的權利。

但是，實際上，在我漫長的生涯中，

恐怕我都是用驕傲去完成大部分的事。

然而，除了正直、見聞、區別、選擇，

以及自己精神的再生、靈巧重現等能力與意志外，

應該還有些屬於自己的東西吧！

我絕不是只靠自己的智慧完成所有的作品，

還靠提供我材料的千萬人與事物而完成它們。

他們如何思考？

他們如何生活、活動？

他們自己抓住什麼樣的經驗？

這些，他們都會告訴我。

我只要抓住這些事，

除了等著收割他們為我播下的種子之外，

什麼應該做的事都沒有。

——艾克曼‧對話

第二節

生活的智慧

人總有些習慣，藉著這些習慣，

高興時可提高自己的興致，

憂鬱時也能鼓勵自己。

例如：每天讀《聖經》或《荷馬詩集》、

欣賞紀念章或美麗的繪畫、

聆聽優美之音樂的習慣等等。

這些習慣的對象必須非常優秀或高品味。

重要的是，

不管何時何地，

都不可改變對它們的尊敬。

──與米勒的談話

仔細想想，

我們每天還是得改革自己，並抗議別人──

這樣不是極富宗教意味嗎？

──箴言與省察

我們究竟應該以什麼為目標？

了解且不輕視這個社會。

——澤明・克社寧

對於一心向上的人而言，
最困難的問題莫過於——
認同老一輩的人當年的功績，
且不得指責他們的缺陷。

——箴言與省察

你們應該了解了吧！
如果我不斷地與聰明人交往，
又沒有從他們那裡學到什麼東西，
那我又算是什麼呢？
你們與其靠著讀書而學習，
還不如利用生動思想的交換與明朗的交際而學習，
這樣所得到的效果更好。

——與米勒的談話

我是個敢做敢當的有為青年。
我不會在背地裡道人長短；
我會為了行善去為任何人服務，
而且，這些行為我會始終如一的貫徹。

——與米勒的談話

那片可憐的玻璃何罪之有？

它不過是一面能照出醜臉的鏡子罷了！

——警世性

有些人喜歡議論朋友的缺點，
卻不能從這種行為中得到什麼。
我總是深加注意敵人的功績，
並因而從中獲利。

——箴言與省察

為什麼這種壞話永不停止？
認同別人的些許功績，
也不會有損自己的品味啊！

——箴言與省察

不管對手是誰，
我絕不希望他遭遇不幸。
但是，對於那些偶然間遭遇不幸的人，
這件事就變成他的試金石，
也變成人類潛能的試金石。

——箴言與省察

對於敵手完美的優點，

除了愛之外，
沒有其它對抗的手段。
—— 箴言與省察

當我們處於別人的立場時，
我們對別人嫉妒與憎惡的感覺會逐漸消失。
當別人處於我們的立場時，
傲慢與自以為是的感覺也會大大地減低。
—— 箴言與省察

以為自己是個實際上的大人物而驕傲，
或將自己評價為一無是處的傢伙，
都是極大的錯誤。
—— 箴言與省察

和藹可親是我的本性。
所以，當我在進行某項計畫時，
便可得到別人的鼎力相助，
而我也常常成為別人的得力助手。
這樣一來，不論是我幫他們，
或是他們幫我，
任何可預見的幸福都唾手可得。
—— 箴言與省察

能使自己滿足是非常難得的事。

相對地，使別人得到滿足，
則是一件值得高興的事。
—— 箴言與省察

心存善念比廣大的正義領域，
能佔領更寬廣的場所。
—— 箴言與省察

把希望人類的能力能普遍發揮當成重要的事，
是絕對正確的。
但是，人類並不能生而具有這種能力。
每個人本就是獨立的個體。
如此一來，
一個人才會注意自己是否已達到構成全人類的概念。
—— 艾克曼‧對話

在這一生中，
我聽到許多人談論著與我想法不同的觀點。
話雖如此，
他們為什麼不能談論與我的想法相同的話題呢？
—— 箴言與省察

在陶醉於別人的好意時，

別忘了還要真正充滿朝氣地活下去。

—— 箴言與省察

若能順從我的忠告，

任何人都不會偏離正在行進中的道路。

所以，他們當然也不會受到權勢的脅迫、輿論的壓迫，

以及遠離流行的煩惱。

—— 箴言與省察

損失錢財——到底損失了多少？

只要你立刻重新盤算，

新的財富一定手到擒來。

損失名譽——這才是重大的損失。

你必須重新獲得好評。

也只有獲得好評，

人們才會改變對你的看法。

失去勇氣——就等於失去一切。

—— 澤明・克社寧

一件事不足以成為萬人的目標。

還是各自追求適合自己的風格吧！

或是各自站定適合自己的立足點。

站著的人可千萬要注意不要再跌唷！

—— 詩集

儘管戀愛與熱情會有消逝的一天，

好意卻能得到永恆的勝利。

—— 澤明‧克社寧

被朋友欺騙，總比自己去欺騙朋友好！

—— 箴言與省察

我們是應該保持所有的缺點，

還是把所有缺點都培養在自己身上好呢？

與其擁有傷害別人的缺點，

還不如擁有使別人快樂的缺點來得好些。

—— 箴言與省察

抗辯與阿諛，兩者都是困難的對話。

—— 箴言與省察

除非是真正出自你的肺腑之言，

否則絕對無法使人由衷感動。

—— 浮士德 I

只要氣度佳，每個人都會對他心存善意。

如果再加上謙虛，那就更不用多說了。

—— 箴言與省察

年輕時犯錯尚可原諒；

到老年時還犯下同樣的錯誤，
就罪不可赦了。
——箴言與省察

忘恩負義是人類一個普遍性的弱點。

但是，

我還不曾看過哪個有作為的人做出忘恩負義的行為。

——箴言與省察

·摩爾／家族群像

人只要想擺脫自己的錯誤，

就必須支付相當高的代價。

不過，這個人從此就可以得到幸福。

—— 箴言與省察

能夠將自己生命的終點與出發點相結合的人，

是最幸福的。

—— 箴言與省察

你跟誰交往，對我而言，都無所謂。

但是，在這種情形下，

我會對你說：「你到底是什麼樣的人啊？」

只要知道你現在做什麼，

我就可以知道你以後會變成什麼樣的人。

—— 箴言與省察

愚蠢是——

教訓愚者，

抗辯賢者，

感動於空虛的言詞，

相信娼婦的話，

向靠不住的人坦誠祕密。

—— 箴言與省察

只要讚美一個人，

就能跟他平起平坐。
—— 箴言與省察

每個人都必須思考自己屬於何種派別，
因為在他自己的人生途中，
經常會發現一種真實，
或是發現幫助自己度過人生的真實。
但是，也不應該為所欲為，
必須能夠統御自己。
單純露骨的本能，是不適合人類的。
—— 箴言與省察

光是了解並不能算是完全，
還必須能應用。
光是想也不能算是完全，
必須能夠付諸實行。
—— 箴言與省察

正確地了解一件事並實現它，
比做一百件事卻半途而廢，
更能給予我們高度的教養。
—— 遍歷時代

正視現實，

心裡將產生真正的理想。

—— 箴言與省察

看見一個對小事都感到興趣的人，
就能想像出，他一定能完成大事。

—— 警世性

個別豐富的議論，
都不具備使世界更繁榮的力量，
也無法從中誕生一件藝術品。

—— 詩・四季

在任何場合，
發生口角都會讓人掛心。
即使是賢人跟無知的人相爭，
賢者無疑地也屬無知之輩。

—— 西東詩集

想安樂地睡了嗎？
我愛內心的交戰。
因為，如果沒有懷疑，
哪能了解真實的喜悅。

—— 澤明・克杜寧

誠實地使用你的時間。

一旦想抓住什麼，
就不能一味地搜尋遠方。
—— 警世性

只有做完你本分中正確的工作，
才能自然而然地完成其它事情。
—— 警世性

在任何社會中，
最有判斷力的事是——
每個人都做他與生俱來已經學過的職業，
並且不妨礙他自己的本分。
鞋匠總停在工作檯之後，
而百姓也總停在圓鍬之後。
因此，王侯學習統治之道。
因為對王侯而言，
統治是他們必須學習的一種職業。
所以，不學統治的王侯就不應該參與政治。
—— 艾克曼·對話

因毯子的尺寸不合身而睡不著，
腳一定露在被子外面。
—— 警世性

弄錯第一個鈕子孔的人，

一定不能扣完全部的鈕子。

—— 箴言與省察

社會上最無聊的事，

比半個鐘頭內無法做完的事還多。

—— 箴言與省察

預防於未然，

否則事後事情會更複雜。

—— 箴言與省察

人老時，必須擔負起重於年輕時的工作。

—— 箴言與省察

吹氣與吹笛子是兩件截然不同的事，

因為吹笛子必須動指頭。

—— 箴言與省察

尊敬舊有的基礎。

但是，也不能放棄再一次重新扎下根基的權利。

—— 箴言與省察

播種之後，

收穫就不是難事了。

—— 箴言與省察

古諺有云：「萬事起頭難。」

其中的意義不一定就是真理。

但是，一般而言，

萬事起頭易，到達最後階段時才是最困難的。

而且，能真正完成的人少之又少。

—— 遍歷時代

結實地踩踏地面，

並環視四周。

有能力的人不會隱藏在這個世上。

—— 浮士德　II

沒有任何東西的重要性，能勝過一天的價值。

—— 箴言與省察

在所有小偷中，

傻瓜算是最惡劣的。

因為，他們從諸君身上偷走了時間與心情這兩種東西。

—— 箴言與省察

距離目標越近，
困難越大。
—— 箴言與省察

如果不認真，
這個社會便沒有一件事能順利完成。
但事實上，
在那些被稱為有教養的人當中，
幾乎找不出這種認真的人。
—— 美麗靈魂的告白

我們與自己和平共處。
在所有一定的工作上，
孤獨是絕佳的替代品。
—— 給絲坦夫人

不要心動！
易動的心是這片不安定的土地上最悲慘的財物。
—— 詩集

空氣、光，與朋友的愛。
如果僅存這些，也不會因此日漸衰弱。
—— 詩集

如星辰般——

不緩不急，但也不休息。
人總是繞著自己的負債四周轉圈子。
　　——澤明‧克社寧

人類並不知道「現在」的價值極高，
也不知道在其中生存的意義，
卻渴望未來舒適的日子，
並以過去的日子胡鬧似地粉飾著各種狀況。
　　——箴言與省察

不能獻身於今後某種藝術或手工藝的人，
將會造成某種損失。
在世界迅速變遷的時代，
一旦知道某種事物消失，
就再也趕不上它的腳步。
而人只要專注於一切事情，
就會在不知不覺中失去自我。
　　——箴言與省察

世界無法做成粥或果醬，
所以，不能只是遊手好閒地光吃雲霞止餓。
必須吃一些堅硬的食物。
但是，吃了它們，不是哽在喉嚨而死，
就得消化它們。
　　——格言性

隨著年齡的增加，

人應該證實還有一段快樂的日子可過。

—— 箴言與省察

以自發性的勇敢作戰者，
始能欣然接受英雄式的讚美。
無法忍受寒暑煎熬的人，
無法了解人類的價值。

—— 西東詩集

當你遇到同樣的事情兩次，
都無法體驗其中的奧妙，
應該立刻投身其中，
並克盡己力，
使自己能夠生存於其中。

—— 箴言與省察

你怠慢了各種事，
以作夢代替行動。
你在該感謝時沈默，
在該旅行時卻蒙頭大睡。

—— 警世性

最高的幸福是——

修正我們的缺陷，
並補償錯誤的幸福。
—— 箴言與省察

我們的天性中沒有能與美德共存的缺點，
也沒有能與缺點共存的美德。

—— 遍歷時代

托爾瓦森／傑森取得金羊毛

體會殘餘的痛苦！

再大的苦難也甘之若飴。

——警世性

善良的人縱然曾被黑暗的衝動所策動，

但是，絕不會忘記正道。

——天上的序曲

喜悅中的煩惱與煩惱中的喜悅，形影不離。

——浮士德 I

缺乏思慮，經常無可遁形且有路可循。

——箴言與省察

水車坊只為自己的水車運轉，

小麥只為了生存。

——箴言與省察

誠實的朋友啊！

相信所有的東西就好了嗎？

相信生命！

生命的教義遠勝過雄辯家與書本。

——詩・四季

所有的理論都是黑色的，

綠是生命的黃金樹。

——浮士德 I

我認為，頭腦是一切人類的悲哀。

——哈利特

與何時死亡的事實對抗有什麼用呢？

徒使生活痛苦罷了。

——警世性

雖然想過快樂的生活，

但不要對已發生過的事悶悶不樂，

更不要為鹵莽的事生氣。

無時無刻地體驗現在的樂趣，

尤其不要憎惡任何人。

神才能為未來盡力。

——警世性

你處處徬徨不定嗎？

看吧！善良就在眼前。

懂得抓住幸福是件好事，

幸福經常就在那裡。

——詩集

總是過度地烘焙栗子，

難道不怕栗子完全化為灰燼嗎？

——警世性

人格是地上的人類最高的幸福。

——西東詩集

由於自己的緣故而不支配人、
不服從人的人類是偉大而幸福的。

——箴言與省察

焦躁會因焦躁而受到十倍的懲罰。

越是焦急地想要接近目標，

越是會更遠離目標。

——箴言與省察

你真是個非常性急的人，一邊開門，一邊走過門前。

——警世性

想馬上知道所有的事情是不可能的。

只要雪溶解的話，就能看見。

現在再怎麼辛苦都沒有用，玫瑰不久就將開花。

——警世性

經常與自己一致的人，

也經常與別人一致。

—— 箴言與省察

當我不能忍耐時，

就會想起地球的堅強耐力。

地球每天一刻也不停地運轉，

每年更要繞著太陽做更大的運轉。

我現在還想做什麼呢？

我也想學地球貫徹始終的精神。

—— 警世性

通過所有的階段，

氣節依然高尚的人是誰？

他就是，無論將什麼東西放在他面前，

也不會失去平衡之心的人。

—— 詩‧四季

單獨地思考每一天，

並不會出現太多結果。

但是，如果把五年湊在一起，

一定會變成一束整體的形象。

—— 箴言與省察

不知道從事生產的人，

沒有存在的必要。

—— 箴言與省察

任何違背理的事，

都可能在辨別力中或偶然間重返正道。

所有與理敵對的事，

也可能因無辨別力，

偶然間導向邪道。

—— 箴言與省察

奢望太多的人、

喜愛錯綜複雜的人，

容易走向邪路。

—— 箴言與省察

因大於實際的自滿而無法評價自己真正的價值，

是一項最大的錯誤。

—— 箴言與省察

當我需要他時，

能夠立刻給我確信之面孔的人 ——

就是我所愛且不會背叛我的人。

—— 箴言與省察

人類在努力的範圍內，

還是會迷失自己。

—— 天上的序曲

我喜歡迷失在自己的人生路上的兒童與青年，
勝過沒有錯誤地走在別人的人生路上的人。
—— 學習時代

真正的學生，
只要學到從既知發展到未知，
就算越來越接近老師了。
—— 箴言與省察

我們稱呼經常教導我們的人為老師，
好像有點不得當。
因為，教導我們的人並不是全都值得稱他為老師。
—— 箴言與省察

在鍛冶場裡必須吹火，
從鐵棒中除去多餘的成分，使鐵柔軟。
但是，鐵純粹時，必須打擊鐵棒，並加上強大的力量；
而且必須加上其它成分，鐵棒才能再一次變強。
同樣地，人也必須靠老師的琢磨才能成器。
—— 箴言與省察

我們不能理解的事不少。

只要繼續活下去，
一定有理解的一天。

──澤明·克社寧

我的理性與才能比心的評價更高。

但是，心是我唯一的榮譽，

只有心對我而言是所有東西、所有力量、

所有幸福、所有災禍的源泉。

我所知道的事，誰都能知道。

只有心是我唯一擁有的。

──箴言與省察

現在立刻面向內心！

你可以在其中看出不容置疑的高貴精神。

你不會在那裡迷失所有的規則吧！

因為自立的良心就是你道德生活的太陽。

──詩·遺言

第三節

人類與人性

人類認為自己是創造的目標，

其它一切只不過是與自己有關聯，

而且只是供自己驅策使用罷了。

人類把植物界、動物界的一切生物視為己有，

並以其它生物為食物；

崇拜上帝，

並稱讚上帝的慈悲有如慈父的細心呵護。

人類從母牛身上搾取牛乳，

從蜜蜂身上取蜜，

從羊身上剪下羊毛，

將所有東西當作利己的目的，

認為所有東西是為了人的需要而被製造。

人甚至認為無論多小的植物都是為人類而活。

所以人類正大光明地認定，

即使現在不了解利用生物的方法，

總有一天一定會知道的。

——艾克曼・對話

人類，最易感興趣的東西就是人類。

恐怕也只有人類才會對人類感興趣吧！

——學習時代

人類，不但被地上千變萬化的現象深深吸引，

還懷著求真與憧憬的眼神凝視天空。

天空在人類的生活空間上，

如弓形般無限延伸。

每當人類抬頭仰望，

內心深處便深切且明確地盼望能成為天空，

這個大世界中的市民。

我們當然也無法抗拒這個念頭，

更無法放棄這個念頭。

在這個預感中，

邁向未知的目標是我們永遠努力不懈的祕密。

——與米勒的談話

何謂人類？

只不過是個抽象概念罷了。

從古至今，經多次優勝劣敗，

只有人類通過考驗生存下來。

今後能繼續生存的，大概也只有人類吧！

——路德

人類的錯誤，

是人類的最愛。

—— 箴言與省察

我認為人類根本無法了解自己本身的優缺點，
更無法純粹客觀地觀察自己。
別人對自己的認識，總是超過自己對自己的了解。
我們只知道外界與自己的關係，
並且只能對這種關係做最正確的評價。
所以，我們不得不把自己侷限在那個狹小的點上。

—— 與米勒的談話

我們從上帝及自然手上收到的最大禮物就是生命。
也就是說，從不停止休息的元素圍繞生命，
不停地做著迴轉運動。
這種愛護生命、保育生命本身是每個人與生俱來，
不容破壞的天賦。
但是，生命的本質對你我而言，是一個永恆的神祕。

—— 箴言與省察

事物與事物的各種關係是最真實的。
錯誤只有人類才會發生。
而人類唯一的真實就是犯下錯誤。
而無法找出自己與他人、事物間的正確關係。

—— 箴言與省察

人絕不可能被人欺騙；

根本是自己騙自己。

—— 箴言與省察

世界是個不斷任憑人類直視、幻想、
自由觀察的一成不變之域。
人類生活在真實與錯誤中，
並認為生活在錯誤中比在真實中來得輕鬆愉快。

—— 箴言與省察

人類真是不務實際的傢伙！

每個人都一樣。

當附近的人發生危險時，不去幫忙，

反而像出外參觀一樣高談闊論，樂在其中；

當大禍臨頭，每個人則避之惟恐不及，爭先逃走。

當可憐的犯人被判了刑，帶往刑場，

誰都不想錯過熱鬧，爭相前往。

在現代社會，

還有人把無罪之難民的受難當成名勝古蹟般爭相參觀，

而從沒有人會認為這種相同的命運，

或許在不久的將來會降臨在自己身上。

這種無可救藥的膚淺，也許就是人類的天性吧！

—— 赫爾曼與竇麗苔

人類經常迷失自己。

在迷失的期間，

經常是什麼都想要。

—— 箴言與省察

無論人怎麼過著與世無爭的生活，

總會在不知不覺中變成債權人或債務人。

—— 箴言與省察

當人在克盡義務之後，

經常會覺得有些美中不足的地方。

這是由於人類絕不可能百分之百地自我滿足。

—— 箴言與省察

靜靜地保持清醒的自己，

任憑自己的周圍荒蕪。

只要你越來越認為自己是人類，

你就越來越像上帝了。

—— 澤明·克社寧

對於該完成的事，空有精神，是謂無能力。

對於該完成的事，空有能力，是謂無精神。

既有精神又有能力，卻常又不知該做什麼才好。

—— 利瑪

一心想團結行動的人，

最困難的事就在於內部不和。

——箴言與省察

只有人類才能完成不可能的事。

人類有能力區別、選擇、判斷；

人類能將剎那變成永恆。

只有人類能表揚善人，

懲罰惡人，醫療、救治，

有效地結合毫無目的、錯綜複雜的事物。

——詩集

我是個想結合世間之好意，

並願好意源遠流長的人。

——箴言與省察

植物學者曾將某種植物命名為「不完全類」。

同樣地，也有稱人類為不完全人類或未完全人類的。

不能平衡於憧憬與努力、行為與工作的人就屬於這種人。

——箴言與省察

只要有人公然批評本性，

一定會引起人們的興趣。

——箴言與省察

 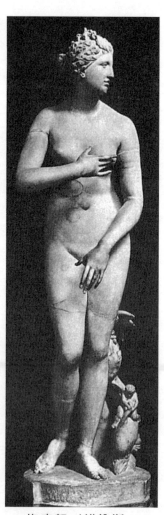

・鮑爾斯／希臘女奴　　　・梅底契／維納斯

只有靠努力不懈，

才能拯救我們。

——浮士德　II

少年期，閉門造車、叛逆性，

青年期，自大、目中無人，

中年期，老成持重，

到了老年，心浮氣躁、反覆無常！

如果像這樣唸你的碑文，

那絕對是人！

——警世性

人類在生長的過程中，

必須經過各種不同的階段。

所以，在每個階段中都有獨到的優點與缺點。

這些優點與缺點在那個時期，

絕對是必然且正確的。

但是，到了下一個階段，

可能完全變了，

以前的優點與缺點可能已煙消雲散，

由其它優點與缺點替代。

如此持續不斷地重複著，

終於到達無法預測的最後之變化。

——艾克曼・對話

人類自導自演自己的一生，

內心深處卻還是無法抗拒命運的引導。

—— 箴言與省察

人對於各種不同的年節有一定的應對之道。

兒童是實在論者，

因為兒童確信自己的存在就如同梨子與蘋果的存在一樣。

青年由於內心熱情澎湃，

方才第一次感覺到自己的存在，

擁有自己的意識，

由此轉變成觀念論者。

但是，壯年者卻有足夠的理由成為懷疑論者，

甚至也不得不懷疑自己為目標而選定的手段是否正確。

為了不讓錯誤的選擇造成終生的後悔，

在行動之前及行動的同時，

必須運用智慧，考慮清楚。

到最後，老年經常成為神祕主義的告白者。

他們知道，大部分事情並不是一蹴可成。

也許不合理的事成功了，

合理的事情反而失敗了。

幸與不幸是不可預期、

差別極大的兩件事。

世界上所有事情都是如此？……

—— 箴言與省察

我是人類！

然而，那意指戰鬥的人類。
　　　　──西東詩集

從今以後發生的任何事都無法預測。

但是，恐怕我們以後再也沒有辦法這麼快樂，

因為沒有一個人能自我滿足，

更沒有大眾會滿足於不再有濫用權勢的達官貴族後，

那社會上已逐漸改善的風氣與生活。

人性如果能完全滿足現狀，

社會上便毫無貪婪之氣，

呈現一副完美社會的形態。

但是，事實上永遠無法實現這種夢想。

人性永遠意志不堅、搖擺不定，

社會上永遠有富人享樂、貧人受苦的情形。

這或許是利己主義和嫉妒像壞心眼的惡靈般，

在背後搞鬼吧！

因此，黨派之爭永無停止之日。

　　──艾克曼・對話

宙斯啊！

我美麗的春夢全都沒有實現。

假如我憎恨生命，逃到荒野，是否有女子想念我？

我坐在這裡，人類卻以我的形象製造雕像。

似苦、似泣，似樂、似喜，全都是生命中的各種情緒。

　　　　──普路美多斯

人類就像海。

雖然擁有各種不同的名字，
結果只不過是鹽水罷了！
——箴言與省察

當氣氛凝重，

警覺到現代的悲慘，

心裡總是覺得世界末日近了。

災禍會一代一代累積。

我們不能只煩惱祖先的罪惡，

因為千古以來的罪惡及這一代自己的罪孽，

都會降臨在後代子孫身上。

——艾克曼‧對話

人的心啊！

就如你，像水一樣。

人的命運啊！

就如你，像風一樣。

——詩集

當人類反省自己肉體與道德上的行為，

通常會發現自己生病了。

——箴言與省察

思想高傲的人，

相信自己遠超過每個大人物。

——箴言與省察

我認為上帝已經厭倦人類，

並將破壞一切，

使生物從頭做起。

雖然這一切已被定案，

但是，我確信，在遙遠的將來，

一定會重返原始時代。

不過，這還需要一段相當長的時間。

因此，我們還有幾千萬年的時間，

可以在我們熟悉的老地球表面上遊戲、生活。

——艾克曼・對話

在人類的天性中，存有一股不可思議的力量。

即使在我幾乎絕望時，

這股不可思議的力量仍會為我準備退路。

在我的生命旅途中，

曾經數次含淚入夢。

那時，夢中會浮現世間善良的一面，

安慰我、鼓舞我，

使我在第二天早上又朝氣蓬勃、

神氣活現地再度快樂起來。

——艾克曼・對話

身分的高低一點也不重要。

重要的是，
人必須經常接受人性的洗禮。
——箴言與省察

　　人類有時會與社會之命運及家庭之命運相違。
　　但是，不可原諒的命運在拍打豐碩的穀束時，
　　　　　　雜亂的只有稻草，
　　穀粒根本不曾感覺到一絲雜亂。
　　　　　穀粒會在脫殼的機器中，
　　　　　高興地跳來跳去。
　　不管將來會被送到製粉廠或倉庫，
　　　　　它根本一點也不在乎。
　　　　　　　　——箴言與省察

　　人類並不是完全照著先天與生俱來的稟賦生活著，
　　還必須經過後天的栽培，
　　才能繼續生存。
　　——箴言與省察

　　　　我們自己的遭遇，有時由上帝操縱，
　　　　有時由惡魔操縱，而重疊了無數錯誤。
　　但是，實際上，由善、惡兩個不同的世界誕生的我們，
　　　　　　本身就包含了一個謎。
　　　　　　　　——箴言與省察

鳥與野獸只能受教於器官，

人卻能訓練器官、支配器官。

—— 箴言與省察

我的內心，唉！住了兩個靈魂，

這兩個靈魂都想離開對方。

一個燃燒著激烈的愛欲，

纏繞著官能，緊緊地抱住現代不放；

另一個則盡可能遁離塵世，

追隨著志節高尚的故人先靈。

—— 浮士德 I

人類一看見自己周圍各種不同的對象，

立刻會探索他們與自己有何種關係。

這是理所當然的，

因為人類的命運與那些對象是否喜歡自己或討厭自己、

引誘自己或叛離自己、

對自己有益或對自己有害，

有著相當重要的關係……

但是，也由於如此，人類才會暴露出犯錯的危險。

—— 箴言與省察

人類最好去自己想去的地方，

去做自己想做的事。

但是，人類一定會從自然所描繪的道路上折返。

—— 詩與真實

所謂偉大的人，

他所擁有的優點與缺點和那些卑微的人並沒有什麼兩樣，

只是他們能承受的容量較大罷了。

—— 艾德曼·對話

如果說不知道，

那我們對於太陽、月亮、星星而言，

還真是個什麼都不懂的小孩。

但是，當我們抬頭仰望，

看著它們有規律且不可思議地運行，

忽然覺得就像自己身處其中。

不！應該說，當我們仰望它們，

總會覺得在自己的身體中產生了某種非常奇妙的東西。

—— 箴言與省察

人類並非只是為了解決世界各種不同的問題而生。

實際上，首先必須找出問題的根源，

然後停留在有把握的空間，

繼續生存下去。

—— 艾克曼·對話

只要叫我們學習偉大的東西，

我們就立刻逃進天生的貧乏中。

然而，這也經常是我們獲得學問的途徑。

—— 箴言與省察

人類最大的功績就是盡可能不受外界支配，

並盡可能支配外界。

這個世界在我們面前，

就像大型的採石場在建築師面前一樣。

建築師的本領就在於利用這些偶然形成的自然大石塊，

盡可能符合經濟與完成目標的條件，

小心謹慎地完成自己心目中的理想模型。

在我們外部的一切東西……

不！應該說是在我們周遭的一切，都只是材料。

但是，在我們的內心深處，

有一股創造美好事物的創造力。

不管將這些材料放在外部，或把它放在身體周遭，

所表現出來的都是這股永不停息的創造力。

—— 美麗靈魂的告白

青春擁有幸福，令人羨慕，

不但接受常保新鮮活力的所有感覺，並且樂在其中。

這個明朗、喜悅的泉源，

會隨著批判性見識的累積而逐漸枯竭。

從這個樂園，從這個溫暖的感動中被放逐的人類——

就如同從伊甸園中被放逐的亞當。

—— 箴言與省察

第四節

愛與美

對於任何事物都大公無私，
尤其對愛與友情更無私，
是我最大的心願，更是我待實踐的主義。
所以，「我雖然愛你，卻不了解你。」
之類後輩年輕人的大膽言詞，
正是藏在我內心深處的話。
——詩與真實

不能將愛人的缺點當成優點的人，
就不算在戀愛。
——箴言與省察

愛人啊！
你是生命之冠，是永不休止的幸福。
——詩集

只有對保護女性最有心得的人，

才有獲得女性之好意的資格。

──浮士德　Ⅱ

冬天時，穀物的嫩芽緩緩長出；

一到夏天，

嫩芽就迫不及待地發芽成熟。

我對你的愛也像如此。

──詩·四季

你對我的愛有如明日之星，

在太陽西下時閃閃發光，

明日東升時又悄然隱落；

又有如極地上的星座，絕不隱落，

在我們頭上編織永生的花冠。

在人生的軌道上，我深切地祈求諸神，

千萬不要讓永生的花冠凋謝。

──給絲坦夫人

我最希望最希望的，

就是與她結合。

只要她成為我一個人的，

我什麼都不要了。

──詩·四季

世間永遠不變的，是真愛。

即使給予一切誘惑，它也一概拒絕，

永遠不變。

——詩‧四季

什麼東西能讓人反覆讀兩、三次也不厭倦？

愛人濃情蜜意的情書。

——詩‧四季

大大小小不同的詩人，

或吟詠愛情、或歌頌愛情。

所以，假如愛情順其自然，

不斷地被重複歌頌著，

充滿力與光輝，

不久，所有歌頌愛情的言詞都會變成陳腔爛調。

——箴言與省察

世界上所有的書中最不可思議的就是——

愛情的書。

我以心說它，

其中沒有歡樂的詩篇，

全書盡是充滿苦惱的語言。

——西東詩集

愛人的心，

永遠不可能憎恨任何人。

—— 愛人易變的心

開開玩笑，無傷大雅，

但千萬不要恥笑貧窮。

我因愛而富；

只要擁你在懷中，

我的幸福就無與倫比。

—— 西東詩集

愛情與智慧還是多多少少有點關係。

我們之所以喜歡年輕女子，

和智慧完全是兩回事。

女子的美貌、青春，在開玩笑時，

她的親和力、性格、缺點、氣度都會表現出來。

如果你只是喜歡她詞不達意的其它性格，

那就不算愛慕女子的智慧。

如果女子隱藏自己的智慧，

我們除了尊敬她之外，

她也在我們的心目中具有無限的價值。

因此，即使我們相戀，

智慧也會發揮聯繫我們的功效。

但是，喚起燃燒的熱情並非智慧的能力所及。

—— 艾克曼・對話

不要熟慮與反省，

人認為所有最美好的東西，
全是平靜調和的。
——箴言與省察

接受幸福，贈予幸福，
經常是人的最大喜悅。
愛使兩人感覺為對方而活，
這可說是天上的至喜。
——西東詩集

如果你是真心的，
請不要猶豫，給我幸福吧！
或者這只是個玩笑？
如果這是個玩笑，
愛人啊！玩笑已經夠多了。
——警世性

去吧！憂愁——
但是，即使人類全都死去了，
只要有人生存，憂愁就揮之不去。
遇見你，我已棄甲投降。來吧，愛的憂愁！
我將排除其它憂愁，讓你獨自佔領我的心。
——愛人易變的心

美

能給予知性的心靈生命與溫暖。
——箴言與省察

女子流的眼淚，或多，或少，

對海水水量的增加並沒有影響。

同樣地，幾千個女孩中總有一個女孩值得拯救，

而幾千個男孩中，總會有一個誠實的人。

——學習時代

・馬內／草地上的午餐

在無數書中刊載著，

真理與寓意的不可數。
愛若無法結合其中之一，
終究只不過是空中樓閣罷了。
　　——澤明・克社寧

終於登上山的頂峰，

這座山更使我們拉長全部旅程的距離。

但是，對我而言，

就像川流般正朝著愛人住的地方流去，

人也越來越接近愛人。

今日，我只能憑著想像——

我投入河流中的樹枝，

一定會朝愛人的方向流去，

今天應該會到達她家的庭院，

聊慰自己相思之苦。

如此一來，我的精神才能藉這描繪中的景象，

平息我心中澎湃的感情。

一想到要越過此山，

想像力與感情似乎比被隔離的掛念更難以自己。

但是，說不定這只是徒增煩惱罷了。

對面說不定只與這一面一樣大小，

沒什麼好怕的。

更何況，任何東西都不能把我拉離你的身邊。

愛人！

即使不可思議的命運隔開我倆的距離，

我將開啟天國之門，

祈求上帝，我永遠屬於你。

　　——遍歷時代

從有用的東西歷經真實，

達到美的境界。

—— 遍歷時代

「神啊，為什麼我如此短暫就消失呢？」美如此問道。

神回答：「我只能完美地完成短暫就消失的東西。」

愛、花、露水和青春一聽到這番話，

就哭著從宙斯的王座前退下。

—— 詩・四季

美，是神祕之自然法則的表現方法之一。

如果沒有美，

所有的自然法則對我們來說，

永遠是神祕不可測的。

—— 箴言與省察

我從來不認為美學家奇怪。

我們經常為了如何使用兩、三個抽象名詞，

去塑造出一個概念，以完整地表現美而苦惱不已。

其實，美是一種根本現象。

美本身並不表現出來，

而是從創造精神的無數異樣中發現，

並從自然各種不同的現象中反映出來。

—— 箴言與省察

美以各種不同的形象獨立存在於世界上。

由這些結果發現，

由美作出的藝術品，便是美的精神所在——

一朵花，也由於附著在它身上的昆蟲、滋潤它的露滴、

支持它吸水的花瓶……

這些添加物的陪襯，才能展露出它的魅力。

一叢花或一顆樹，

配上近處的一塊岩石、一處清泉，

或許能變成意境深幽的一處空間。

但是，使它們獨立，

並給予適當的距離，或許能展現出更大的魅力。

——箴言與省察

最高度實用性（合乎目的）的真實，也算是一種美。

——箴言與省察

由衷崇敬偉大與美的事物，確實是我的天性。

而藉著接觸完美的事物，

日復一日培養出來的素質，

其中的感情成分，遠超過幸福。

——義大利遊記

第五節
文學與語言

文學是片段中的片段，
只能記錄已發生的事，
以及與別人說過的話裡極小的一部分。
而這些被記錄下來的東西也是古代僅留下的一小部分。
——箴言與省察

記錄已發生之事的書籍幾乎少之又少，
這些書籍被留傳下來的也少之又少。
文學根本只是些片段的東西，
它只不過是用文字記錄下人類精神的紀念碑罷了。
——箴言與省察

如果拿作家與百科全書相比，
作家就全然沒有存在的價值了。
——箴言與省察

若說文學墮落了，

那只不過是墮落到人類墮落的程度而已。

—— 箴言與省察

大眾最尊敬作家的地方，

並不是因為他經常提供他們所期待的作品，

而是他按照自己或對方，

甚至各種人類生長的各個階段，

提供了正確而且有用的想法。

—— 箴言與省察

我的作品並不受一般人歡迎。

但是，如果為博得群眾喜歡而寫作就大錯特錯了。

我的作品並不是為群眾而寫，

而是專為那些追求好作品，

並理解這種傾向的少數人而寫。

—— 艾克曼・對話

大眾對認真且深切思考的作家所做的批評，都不太好。

—— 箴言與省察

具體的表現，這是詩歌的世界；

假定的說明，這是哲學的世界。

—— 箴言與省察

最近的詩人，

把大量的水攪進墨水裡。
—— 箴言與省察

　　在我漫長的生涯中，姑且不說自己驕傲，
　　　　　不過，完成了各種事情卻是事實。
但是，除了正直地看、聽、區別、選擇的能力與傾向，
　　　　　　以及巧妙地再現所聽所聞者，
　　　　　　其內含之精神的能力與傾向之外，
　　　　　還有什麼東西算得上是自己的東西呢？
　　　　　　我的作品絕不是只有本身的智慧，
　　　也有賴那些提供我作品材料的無數事物與人。
　　不管是愚人、賢者，開明的人、保守的人，
　　兒童、青年，甚至老人，都會提供我各種材料。
　　　　每個人都會告訴我他們的感覺、想法、
　　　　　　生活及工作的情形所得的經驗。
　　　　　　　　我只要把握住這些，
　　　就能收割別人為我而播種所得的收穫。
　　　　　　　　　—— 艾克曼・對話

所有的抒情文學，
雖然全都必須是理性的，
其部分還是得多多少少包含些非理性。
—— 箴言與省察

詩的作品最好是越量越清楚，

理性最好是越抓越緊。

——艾克曼·對話

詩除非它本身是傑作，

不然就沒有存在的必要。

所以，不具有完成完美作品之素質的人，

不但應該遠離藝術，

而且應該嚴密地提防藝術的誘惑。

誠然，所有人類在看到自己想臨摹的作品時，

心裡的確都會有蠢蠢欲動的欲望。

但是，有這種欲望，

並不表示自己有完成心中之目標的力量。

——學習時代

小說中，主要是描寫情意與事件；

戲曲中，應該描述性格與行動。

小說要慢慢進行，其主要人物的情意，

不管作者運用什麼方法，

都不能使全書快速進展。

戲曲就要越快越好，

主人翁的性格應該在觀眾不知不覺中大幅度進展。

小說的主人翁應該是被動的，

一點也不能有太明顯的主動；

戲曲的主人翁則被要求應兼具主動與被動。

——學習時代

批評作品艱深難懂的讀者，

首先必須反省自己內心是否清楚明白。

因為，在薄暮的光線中，無法清楚地看出字體。

—— 箴言與省察

我們為古代希臘人的悲劇而感動。

但是，仔細想想，

與其說是為每個作者而感動，還不如說——

是為他們作品中的時代與國民而感動來得恰當些。

因為，所有作品多多少少都有些差異，

而在詩人中，

也可以看出有的人遠比其他人更偉大、成熟。

但是，大致上，觀察他們全體，

就可以發現他們都擁有一貫的性格——

偉大、超群、健康的性格，

崇高的人生智慧、崇高的想法、

純粹力量中的直覺之性格。

除此之外，還可以看出其它各種特質……

但是，這一切特質不只單單存在我們所流傳的戲劇中，

存在於抒情詩與敘事詩中，

哲學家、修辭家、史學家身上也都有這些特質。

就像我們所流傳的造形美術作品一樣，

這些特質不光是固定在每個人身上，

也固定在那個時代與全體國民身上。

而且，我們必須相信，

它們會流傳在國民與時代之間。

—— 艾克曼・對話

不知道外國語言的人，

對自己本國的語言也必定同樣無知。

—— 箴言與省察

在莎士比亞的戲劇中，

時常出現缺乏精巧之處。

但是，他的戲劇水準在所有戲劇之上。

所以，莎士比亞堪稱偉大的作家。

—— 箴言與省察

· 馬路列歐／聖殤圖

每個人都能說話，

也都能藉著自己的母語討論事情。

—— 箴言與省察

莎士比亞給我們裝在銀盤上的黃金蘋果。

我們或許可以藉著學習他的戲劇而得到銀盤。

不幸的是，我們只能盡可能把馬鈴薯裝在銀盤上。

—— 艾克曼・對話

古代人敘述存在。

相對地，現代人敘述通例及效果。

他們描寫恐怖的東西，

我們則更恐怖地描寫東西。

他們說些愉快的東西，

我們則說些更愉快的東西。

此外，所有過分虛偽的優雅、誇張都發生了。

那是因為我們沒想到，

光是追求效果或是從效果的觀點做事，

也能呈現出完全的效果。

我想說的是——

即使手邊的任何東西都不是新的，

我也要好好地把握住這個新的機會。

—— 義大利遊記

一個國家的母語，

其力量並不足以排斥外國的東西，
充其量只能將它們融合。
—— 箴言與省察

　　古代的東西都是認真、謹慎而有節制的，
　　近代的東西則完全無拘無束、自由逍遙。
　　　古代的東西是理想化的現實之物，
　　擁有崇高之趣味處理過的現象之物。
相對地，浪漫只不過是給予我們非現實、
　　　不可能且妄想性的現實之假象。
—— 比德曼・談話

我喜歡回顧其它國家的國民，
也稱許別人做這種事。
現在國民文學普遍不足，
但在不久的將來，我們將進入世界文學的時代。
所以，每個人都必須負起促使這個時代進步的責任。
—— 艾克曼・對話

　　一般作者的文章都是據實地表現出他內心的看法。
　　　因此，想要寫一篇明瞭的文章，
　　　首先必須先明瞭自己的內心；
　　　想要寫一篇崇高的文章，
　　　首先必須擁有崇高的性格。
—— 艾克曼・對話

書中敘述的，

並不是要我們看了書後效法作者，
而是作者為了炫耀自己的知識而寫。

——詩·四季

德國人大概最煩惱哲學性的想法。

但是，在他們的文體中，

已經不知不覺地加入艱澀難懂的性質。

他們只要越傾向某個哲學的派別，

他們的筆就會越來越生澀。

反之，有些偏向實務家及世間人的德國人，

他們的筆法就相當通暢。

因此，席勒的文章中若未加上哲學性的議論，

就稱得上是最雄渾、感觸最深的文章。

——艾克曼·對話

如果在一年中要寫兩部戲劇和一篇長篇小說，

或是為了賺大錢而寫書，

每個人都會因此而變壞；

即使不能再好的人也會因此而毀滅。

他如果為了成為大富翁或因沽名釣譽而努力，

我不便批評。

但是，他如果想讓名聲流傳千古，

最好開始多讀點書，少寫些書。

——艾克曼·對話

我詛咒那些所謂含蓄的言詞、

意思微妙的言詞及不使用外國言詞的所有消極性純粹主義者。

—— 箴言與省察

假使將我們的作品加以區別，

我們確實是藉著攝取外國的東西，

同化它們，以建立極高的文化階層。

其它國家的國民一定是藉著學德語，

去建立極高的文化階層。

但是，這樣一來，

這個目標就不會由於不學其它國家的語言而停止。

因為，不論各種語言，

所有優秀的作品一定會翻譯成德語。

古代的古典文學、近代歐洲的傑作、

印度的文學及東方的文學都能靠著德文的豐富與多樣性，

以及德國人努力不懈的勤勉，全部移植過來。

就這一點而言，

德語難道不比其它國家的語言優秀嗎？

—— 比德曼‧談話

所有言詞都不會靜止，

它們經常從最開始使用的場所中移動出來——

從上到下、從善到惡、從寬到狹，

言詞總是不停地流動。

繼之，概念也會隨著言詞而動。

—— 箴言與省察

在翻譯時，

一定會遇到不好翻譯的東西，
但也可由此開始發現其它國家的國民與國語。

—— 箴言與省察

我們可以把翻譯當成忙著向我們吹噓那個半遮手帕的美人
是多麼可愛的媒人。

他們想讓我們對原作產生無法抗拒的性情。

—— 箴言與省察

> 我們會漸漸忘記自己的作品。
>
> 當我在看一本最近的法文書時，
>
> 邊看邊覺得這本書相當合我的胃口，
>
> 而且我自己也沒有任何反對的意見。
>
> 但是，仔細看個清楚，
>
> 卻發現它原來是我自己的翻譯之作。
>
> —— 艾克曼・對話

為了得到趣味與刺激而讀書，
甚至為了得到認識與教訓而讀書，都是極大的錯誤。

—— 箴言與省察

> 讀者都希望作者像對待婦人一樣對待自己。
>
> 所以，除了他們想聽的東西之外，什麼都不必說。
>
> —— 箴言與省察

這是一本想藉著它知道所有事情，

到頭來卻什麼都不知道的書。

——詩・四季

我要求什麼樣的讀者？

我要求忘了我、忘了他自己、忘了世界，

完全生活在書本中而無私心的讀者。

——詩・四季

給人重要印象的書，

不肆意批評才是正確的。

批評完全是現代人的習慣。

所以，那有什麼意思呢？

我們讀一本書，

讓這本書在我們身上發生效力，

且獻身於這種效力。

如此一來，

我們或許才能對它做出正確的判斷。

——與米勒的談話

那些東西，未免太無聊；

我們要的是公道，要同樣大小。

——浮士德 I

書本就像新交的朋友。

最初，對一般事情的看法一致，

並感覺到在生活中的任何重大地方都能互相親切地配合，

覺得非常滿足。

但是，逐漸深交，就會慢慢看出彼此不同的地方。

這時候，就應該像年輕時的做法，

不畏懼且深入問題的核心，

快速地找出共同點，

充分地分析不同點。

不一定要堅持彼此的想法必須一致。

這才是處理上理性態度的重點。

—— 箴言與省察

第六節

藝術與藝術家

當自然開始吐露它的祕密時，
我們渴望對抗藝術，
因為藝術是自然最完美的詮釋者。
——箴言與省察

藝術無法確實提供逃避世界的方法，
也無法提供與世界結合的方法。
——箴言與省察

藝術是第二個自然，
神祕且不易理解。
因為，藝術是經由人類的智慧而產生的。
——箴言與省察

自然賜給人類花卉；

藝術編織美麗的花環。

　　——詩集

藝術的最高目的是顯示出人類的百態，

不僅官能意味濃厚，

而且美輪美奐。

　　—— 箴言與省察

有機的自然生於細部中的細部；

而藝術的感覺深入細部中的細部。

　　—— 箴言與省察

客觀與主觀如果不能相互協調，

就無法產生生動活潑、朝氣蓬勃的藝術。

　　—— 箴言與省察

藝術是嚴肅的工作。

所處理的對象越高尚、越神聖，

藝術就越嚴肅。

　　—— 箴言與省察

我們必須在幸福與窮困的瞬間，

做一個平凡的藝術家。

——親和力

對所有的藝術而言，

自然是源源不息之泉。

即使泉水看不見它自己最完美的形態，

但那絕對是毫無缺點的創作。

自然真的是取之不竭，

在它轉移的形態中，

已真實地描繪出生動活潑的朝氣。

——箴言與省察

只有面對巨匠的作品，

才能清楚地了解它的偉大。

只有看了自己做的爛東西，

才能深刻地了解自己所學不足。

——警世性

藝術家為了驅使技術達到自己的目的，

並利用自己一流的方法活用對象，

必須經常站在技術與對象上。

——箴言與省察

偉大的藝術品是人類靈魂的精華。

這也意味著，

這件偉大的藝術品也是屬於自然的創作。

—— 箴言與省察

一個重要的事實、一個天才的構想，

都會促使大多數人更辛勤地工作。因為，

這可以使他們從最初的知道進而認識、修正、發展。

—— 箴言與省察

大藝術也好，

小藝術也罷，

在所有藝術品中，

只有構思才是決定細節的重大部分。

—— 箴言與省察

藝術作品都是高貴的。

所以藝術家千萬不要恐懼卑俗，

因為他一接觸到卑俗，

便可以把卑俗的東西化作高貴的東西。

我們就見過藝術家大膽地行使這種至高無上的權力。

—— 箴言與省察

藝術感消失時，

所有的藝術作品也會隨之死絕。

—— 箴言與省察

有人說：「藝術家啊！請你研究自然吧！」
但是，把卑俗化為高貴，
從無形中引出美，絕不是一件簡單的事。

—— 箴言與省察

藝術的品格，
恐怕只有在音樂中才能最高貴地表現出來。
因為，藝術沒有必須從音樂中去除的素材。
音樂完全只是形式與內容，
以此提高它所表現的一切事物。

—— 箴言與省察

最高意味的音樂，
一點都不需要新奇。
因為音樂越舊，
聽慣的人就越多，
更能將音樂銘刻於心。

—— 箴言與省察

所謂完美的藝術家，

其後天的修為通常勝過先天的稟賦。
—— 箴言與省察

音樂含蓋了聖與俗。

神聖的音樂完全適合它的品格，

對生命也會產生非常大的作用，

這個作用無論經歷多少時代都不會改變。

反之，通俗的音樂最好儘量明朗活潑。

—— 箴言與省察

韻律有著不可思議的力量，

它讓我們相信自己的內心有著崇高之物。

—— 箴言與省察

·石版印刷　法·哥雅／決鬥

天才有兩種類型：

一種是每個人都想成為的天才；

一種是能由其它地方受孕而生的天才。

—— 箴言與省察

一般所謂受老師的影響這種說法，

真叫人懷疑。

藝術家都是靠自己的努力，

創造出自我的風格及偉大。

如拉斐爾、米開朗基羅、海頓、莫札特等，

這些優秀的巨匠，

難道他們的偉大作品都是受老師的影響而完成嗎？

—— 比德曼・談話

將女神當成魔女，

把處女當成娼婦，

並不是一件麻煩的事。

但是，在相反的安排下，

也就是給予被虐待者尊嚴，

愛那些卑俗墮落的人，

都是身為藝術者與有人格之士最重要的工作。

—— 箴言與省察

非獨創性的東西一點價值都沒有。

另一方面，

獨創性的東西經常有其本身個體的缺陷。

—— 箴言與省察

你若以畫普通的東西為滿足，

每個人都能模傚你。

特殊的作品則是誰也無法模傚，

因為他們沒有實際經歷過。

不過，你也不用擔心特殊的東西不會引起別人的興趣。

不管再怎麼特殊的東西，

人物也好、事物也罷，

上至人類，下至石頭，都有其自己的普遍性。

—— 艾克曼·對話

天才與創造性是兩種非常類似的東西，

因為天才是創造力以外的任何東西。

人能出現在神與自然面前，

以成果性、持續性的行為出現，

完全是憑藉這種力量。

莫札特的全部作品都屬於這種情形。

他的作品中存在著生生不息的力量，

這股力量使得世界得以持續運轉。

並且，這股力量不會馬上乾竭用盡。

其他偉大的創作者與藝術家，也都適用於這種情形。

—— 艾克曼·對話

藝術靠名人促進，

後援者則催促藝術家。

但是，不一定要靠這些東西催促藝術。

—— 箴言與省察

我在劇場裡，

並不會去注意美麗的道具、布景或華麗的衣服，

只是將注意力集中在好的劇本上。

從悲劇到滑稽劇，不管任何種類，

我只採用優美的作品，

而且必須是偉大、優雅、快樂、活潑且極富健康的題材。

至於那些無病呻吟、弱不禁風、愛哭、

多愁善感、老舊、殘忍、有損美風的題材，

一概不採用。

因為一旦上演這種戲劇，

恐怕會危害到觀眾及演員。

—— 艾克曼·對話

所有戲劇藝術的根本，

與其它所有藝術相同，

皆是追求真、追求自然。

越能把握住真的高深意義，

越能了解作家及演員所持之遠大，

並能誇讚他們在舞台上越來越高的程度。

—— 箴言與省察

真正的藝術家，

手邊不會有現成的預備品。
現成的東西都是準備使用的。
—— 箴言與省察

演員應該考慮的第一件事，

並不是一味地模倣自然，

而是恰如其分地表現自然。

如此才能在戲劇中使真實與美一致。

—— 演員諸則

我們不能吹毛求疵地批評畫家的筆與詩人的詩句。

我們應該用寬容的精神鑑賞、

品味富有大膽之自由精神的藝術品。

—— 艾克曼・對話

若是我們沒有理解的能力，

當我們第一次看到造形美麗的作品時，

就不會由衷地喜歡它們。

但是，一想到那些作品似乎具有很大的價值，

我也不禁試著更接近地觀賞它。

如此一來，必然有令人高興的發現。

因為我不但認識了事物的新特性，

還發現自己的新能力。

—— 箴言與省察

名人氣質

常常被認為是利己主義。
—— 箴言與省察

喜歡享受好東西的話，
一定會喜歡更好的東西。
因此，在藝術方面，
只有達到至善的境界，
才會開始產生滿足感。
—— 義大利遊記

對於那些因正確的探測而有所得的人而言，
只要一次經驗，
就可以知道世界上是否真有不滅的東西？
藝術是否真的廣大無邊？
—— 箴言與省察

世界上也有假藝術家，
藝術愛好者與投機業者就屬於這種人。
藝術愛好者是為了興趣而搞藝術，
投機業者則是以賺錢為目的。
—— 箴言與省察

不能把非由內心情意

所生發的藝術當成原本的藝術。

—— 箴言與省察

為了成為真正的藝術家，

而不認為應該從前個時代或

同時代優秀的藝術家身上學習自己所缺少之物的人，

可說是誤解了被確認的獨創性。

他永遠只是孤獨一個人。

因為，只有將與生俱來的天賦，

加上自己後天的修為，

兩者合而為一，才是真正的自己。

—— 箴言與省察

繪畫、雕刻、舞蹈，

這三者有著密不可分的關係。

但是，藝術家只要選擇其中之一當成職業，

就必須極度小心受到其它類似之藝術的誘惑。

雕刻家常常容易受畫家的誘惑，

畫家則經常受舞蹈家的誘惑。

麻煩的是，一旦將這三種藝術互相混合，

沒有一種藝術能明確地找到自己的立足點。

—— 箴言與省察

古典是健康的，

浪漫是病態的。

—— 箴言與省察

早在下第一筆時，

就必須熟知完成最後一筆的工作。

要創造出什麼樣的作品，

也早在第一筆時就決定了。

—— 箴言與省察

藝術愛好者如果一致承認這是完美的作品，

那這幅作品就沒有什麼好說的了。

所以，他們只好不斷地討論次級的作品。

—— 箴言與省察

忽然有一天，不喜歡自己，

也無法忍受別人。

每個人都有過這種誰都不喜歡的經驗。

藝術跟這種情形完全一樣。

情況不佳時焦躁不安，

實力卻不曾逃走。

如果情況不佳時充分休息，

等到情況好轉，情勢會更加有利。

—— 詩集

PART 2

第二部

人生的思考

第七節

社會、政治、歷史

人類的起源為何？

所求又為何？

每個人都不盡相同。

社會，是堅定的人類最高的要求。

所有強健的人應該互相都有關係。

——遍歷時代

社會上所有的人都是平等的，

而且必須建立社會平等的觀念。

但是，社會並不能築基於自由的觀念之上。

我追求社會平等。

我的自由就是屬於社會的倫理自由，

也參加追求社會平等的行列。

——箴言與省察

學習支配非常簡單，

學習統治卻很困難。

—— 箴言與省察

我決心在任何場合中克盡全力，

但覺悟到為了行善，

必須更加團結，

藉著集合各地的青年，

完成美好的事。

—— 比德曼・談話

孤立自己並不是一件好事，

尤其是孤立時就無法完成事情。

任何一個人若想成就一件事，

協力與刺激都是必要的。

—— 艾克曼・對話

社會最高的目的，

就是一味地追求個人所保證的利益。

人類為了追求利益，不惜犧牲，

社會也不會珍惜越來越多的犧牲。

社會為了徹底追求多數人的利益，

幾乎完全不顧構成者一時的利益。

—— 箴言與省察

所有人類只要達到自由的境界，

就會任由自己的缺點猖狂。

也就是，強者為所欲為，弱者懶惰倦怠。

——箴言與省察

什麼政治才是最完美的政治？

那就是教導我們治理自己的政治。

——箴言與省察

人類經常以玩笑掩飾缺點。

但是，有這些缺點的人對社會有益且有用，

而有其它缺點的人對社會則是有害且無用。

讚美前者，稱之為「德」；

挖苦後者，稱之為「失德」。

——箴言與省察

將國家比喻為鐵鑽、鐵鎚，

是支配者，被打彎的鐵板是民眾。

如果能在任意敲打之間完成一個鍋子，

就連鐵板也會覺得迷惑。

——威尼斯警世

世界上沒有任何事，比行動的無知更恐怖。

——箴言與省察

國家最尊貴的成員是誰？

是誠實正直的市民。

不管什麼形狀，市民經常是最高貴的材料。

——詩·四季

「固守你的立場。」——這句名言，

一方面將人引入各大黨派之中，

另一方面又主張每個人應該具有適合自己的見識與能力。

真是不可多得的金玉良言。

——箴言與省察

不要妄想提出有力的證明！

率直地表明自己的想法與意見，

經常是較好的做法。

因為我們所提出的證明，

只不過是我們自身意見的變形罷了；

而持反對意見的人，

不太可能側耳傾聽我們任何一方面的意見。

——箴言與省察

在現代，誰都不肯沈默，也不肯讓步。

人必須發言，必須活動。

不只為了征服對手，同時也為了保持自己的立場。

不管是多數派也好，少數派也罷，他們都有權利如此。

——箴言與省察

黨派一旦生成，

或東、或西、或南、或北，
總是要花費相當長的時間才能開花結果。

——詩·四季

對於批評，

我們絲毫沒有防禦與抵抗的能力。

我們必須將防禦與抵抗化為具體的行動。

如此一來，批評才會逐漸接受它們。

——箴言與省察

·利比／聖伯納的幻像

大眾不能缺少有能力的人。

然而，有能力的人對大眾而言，
經常是沈重的負擔。

——箴言與省察

如果每個人各自了解自己的本分，
也認清他人的利益，
永遠的和平當可一蹴即成。

——詩·四季

多數派並沒有令人厭惡之人，
因為那些居於領導的少數權力者、
順應大多數的卑劣漢子與附和順從的弱者，
根本不知道自己所求為何，
只知一味著急地跟在別人後面走，
成為不求甚解的大眾。

——箴言與省察

我不得不認為，
使各種東西成熟是現代最大的不幸。
人們常在下一個瞬間食盡前一個瞬間，
並在當天用盡所有的時間。
像這樣日復一日，
根本不可能造就任何東西。

——箴言與省察

要獲得所有國民的判斷，

首先必須先從判斷自己做起。

但是，國民要達到那種完美的境界，不知得經過多少年。

—— 箴言與省察

和平有兩種力量，即正義與禮節。

—— 箴言與省察

看了古代既成的保守勢力與發展、形成、

改革的勢力之間的爭鬥後，

發現從古至今的事都是相同的。

由萬能的秩序，

最後衍生出無法通融的人性；

為了獲得這種人性，

不惜破壞古老的秩序。

但是，過了不久，

便會發覺有必要再興秩序。

古典主義與浪漫主義，

同業組合的約定與選擇職業的自由，

保有農地與分割農地——

經常是由相同的糾紛中又衍生出新的糾紛。

因此，政治家最高的智慧就表現於不使雙方破滅，

進而緩解其爭鬥。

但是，神並沒有給予人類這種高超的能力，

也不願見到這種情形。

—— 箴言與省察

撰寫歷史書籍，

是擺脫過去的方法之一。
—— 箴言與省察

> 正義會促成應做的事，
> 警察則取締不應該做的事。
> 正義是――計量，是果斷，
> 警察則注意全民，是命令。
> 正義著眼於個人的關係，
> 警察則著眼於社會全體人民。
> —— 箴言與省察

檢查與言論自由，

從古至今，一直爭鬥不休。

權力者要求檢查，實行檢查，

少數派則要求言論自由。

權力者不喜歡自己的計畫或活動

因多管閒事的反對評論而受到妨礙，

希望少數派能服從。

但少數派只想闡述他們不服從的正當理由。

類似這種爭鬥，到現在還在發生中，且處處可見。

—— 箴言與省察

在一個時代的過程中，

考察時代的立場根本無法存在。

—— 箴言與省察

所有法律在社會及人生的活動中，

都試圖接近道德秩序的目的。

—— 箴言與省察

對於無罪的人應該給予釋放與賠償，

對於受誘惑的人應該給予同情，

對於有罪的人應該給予公正的懲罰。

—— 遍歷時代

歷史家的義務，是區別：

真實與虛偽、

確實與不確實、

曖昧與否認。

—— 箴言與省察

歷史性的人類感情在同時面對功績與評價時，

也意味著包括過去教養的感情。

—— 箴言與省察

必須羨慕安眠於墓碑下的人，

那是多麼可憐的時代啊！

——箴言與省察

如果有人問歷史家與作家哪一個比較偉大這個問題，

那還不如不問，

因為他們競爭的場地根本不同。

就像賽跑與跑者、摔角與摔角選手一樣。

勝利者的王冠還是裝飾在不同的優勝者頭上較為恰當。

——箴言與省察

從三千年的歷史中，

不知所學何物，

只有終日徘徊於不知名的黑暗裡，

鬱鬱而終。

——西東詩集

當我們展望未來，

便希望在未來中，

那些搖晃不定的所有東西都能變成自己的願望，

然後一一實現。

——西東詩集

世紀在前進，

人類卻還在起點剛剛開始而已。

——西東詩集

我常常希望能與那些認為——

以稍許改變就可以改善時代的青年見面。

但是，我擔心，

大多數青年已完全適應時代的潮流而無法自拔了。

於是我不斷地想促使別人注意的就是——

給予乘著易破之小船上的人一副槳。

並不是為了讓他們順從海浪的反覆無常，

而是為了讓他們憑著自己的見識及意志，

與海浪搏鬥。

——西東詩集

歷史給予我們最珍貴的東西，

就是喚起我們對它的感激。

——西東詩集

我們不得不停留在一個固定的地方，

因為所有的東西經常在變動，

如果不如此，

根本無容身之地。

——西東詩集

我們全都因過去而生，

因過去而毀滅。

—— 箴言與省察

我同情法國革命是不爭的事實，

因為那些殘害雖沒有發生在我身上，

卻無時無刻不使我驚心，

並且我也無法看見當時有何有益的結果。

我不贊成專制政治，

我確信任何革命過程中，

國民是無罪的，政府才有罪。

政府如果能做到經常公正，

經常覺悟，順應國民的意願，

適時改善，國民必然不會強行抵抗，

更不會發起全民革命。

—— 艾克曼‧對話

氣宇恢宏的天才一直想超越他自己的世紀，

但一意孤行的才能總是屢次被牽絆。

—— 箴言與省察

用媚眼和花言巧語

誰能不受誘惑？

——浮士德　II

就如你所料，

我非常喜歡期待未來的所有改善。

但是，一切暴力事件、

出乎意料的事件完全違反我的本性，

因為那是不自然的。

我喜歡植物。

玫瑰是在德國自然界中最沒有缺點的花，

也是我最鍾愛的花卉。

雖然現在還不到四月底，

我的庭園中卻已開滿玫瑰。

現在，我只要看到剛剛長出的綠葉，

就覺得很滿足了。

一週後，看到莖上陸陸續續長出的葉子就滿足了。

五月時，看到花蕾，更是滿心歡喜。

終於到了六月，玫瑰花帶著濃郁的香味怒放，

那更是幸福得無與倫比。

無法耐心等待最後一刻的人，

最好還是去溫室看看現成的玫瑰花就好了。

——艾克曼・對話

第八節

自然與真誠

自然是一個優秀的藝術家。

它經由不為人察覺的努力，

將最簡單的素材雕刻成最雄偉的對比，

完成最偉大的藝術品；

它經常給予這些作品某些溫柔，

以及最嚴謹的輪廓。

── 關於自然的斷章

我們雖然生活在自然的懷抱中，

卻一點也不了解自然。

自然一直不停地和我們說話，

卻一點也不告訴我們它的祕密。

我們雖然不停地在自然中工作著，

卻拿它一點辦法也沒有。

── 關於自然的斷章

自然不斷地建設，

但也不斷地破壞。
自然的工廠真是令人捉摸不定。
—— 關於自然的斷章

自然……我們都置身於自然的懷抱中！
—— 我們無法從自然中往外踏一步！
但是，我們也無法向自然的深處更進一步！
—— 關於自然的斷章

自然永遠都以一種新姿態出現。
現在所呈現的風貌是過去所沒有的，
而過去的風貌也無法再度重演——
完全是新姿態，但經常是古老的。
—— 關於自然的斷章

我們總是無法憑藉自己的知識或學問，
完全透徹自然，
亦無法將自然趕往一條狹窄的道路，
因為自然本身保有相當多的自由。
—— 箴言與省察

不論我們從哪一個角度看自然，
自然都是永無止境的。
—— 箴言與省察

最不自然的東西就是自然。

那些想盡辦法都看不見自然的人，
當然就無法正視自然。
—— 關於自然的斷章

自然不曾做過錯事；

自然本身也不曾傳達任何結果。

它永遠讓自己行動正確，

但從不告訴我們什麼事才是應該做的。

—— 箴言與省察

自然的每一項作品都有其特性，

每一種現象都有其孤立的概念。

但是，這些各自獨立的東西卻能完成一個整體的東西。

—— 關於自然的斷章

自然正在演一幕戲。

自然本身對這幕戲的看法如何，

我們無從得知。

但是，它是為了我們才演這幕戲的。

我們總是站在一角看著這幕戲。

—— 關於自然的斷章

自然就是無情。

太陽照耀善人，也照耀惡人，
而月亮和星星，給予罪人和無辜者的光亮相同。
——詩集

自然的劇本經常換新，
那是因為它經常製造新的觀眾。
生命是自然最美麗的發明，
死亡是自然為了延續大多數生命的技術。
——關於自然的斷章

自然總在深思，
而且經常熟慮。
但人類不同，
他們通常順其自然。
——關於自然的斷章

自然令那些被造之物由無而生，
卻沒有告訴它們來自何處，
或是去向何處。
被造之物只要一味地走就行了，
自然知道軌道。
——關於自然的斷章

自然是完全的，

但也經常是未完成的。
只要自然下定決心實行，一定能實現。
—— 關於自然的斷章

自然讓每個孩子都模倣自己，

讓那些愚者批判它，

毫不發怒地讓他們踐踏千萬遍，

直到毀滅為止。

但是，自然以一切為喜，

從一切磨煉中得到自己想要的。

—— 關於自然的斷章

即使人想試著反抗自然，

終究還是遵循自然的法則。

即使人想試著與自然對抗，

終究還是和自然相互配合地工作。

—— 關於自然的斷章

自然就是一切。

自然報答自己、懲罰自己、喜歡自己，

也苦惱自己。

自然粗暴，也溫柔，

似愛、似懼，似毫無力量，

卻又具有全能的力量。

—— 關於自然的斷章

自然擁有一副簡單的翅膀，

它們絕不會因時間而磨損、毀壞，
它們總是有效且多彩多姿地舞動著。
—— 關於自然的斷章

自然是善良的。
我讚美自然與它的所有作品。
自然是聰明而無言的，
人無法從它口中套出生命的由來，
也無法逼迫它給予其它贈品。
—— 關於自然的斷章

自然無法開口，
也無法說話，
但它創造了舌頭與心，
藉著它們來感覺、說話。
—— 關於自然的斷章

自然是一個策略家。
但是，它的目的絕對善良。
在自然的策略中，
最不引人注目的，
通常是最好的。
—— 關於自然的斷章

自然毫不在意錯誤，

它永遠只做正確的事；

它也不關心會產生什麼結果。

——箴言與省察

同時研究自然與自己，

絕不無理地強制自然與自己的精神。

在調和的相互作用中，

使兩者能調和均衡，

是人生一大樂事。

——箴言與省察

· 利比，菲力頗修士／巴爾巴多利祭壇畫：
聖母及聖嬰、聖人及天使

自然是一本活生生的書籍，

不可解，卻千真萬確，明明白白。

—— 箴言與省察

自然喜歡保持自由。

因此，即使自然不出面干涉，

我們擁有再高的知識與學問，

也無法追上它。

—— 箴言與省察

自然總是以獨立的姿態面對所有的人。

雖然藏身於無數名字與言語的庇蔭下，

但它們經常是相同的東西。

—— 箴言與省察

自然中包含了永遠的生長與活動，

卻不包含發展。

自然永遠不停地轉變，

但絕不會在瞬間靜止。

自然不知道何謂靜止，

也詛咒靜止。

—— 關於自然的斷章

自然的極致就是愛。

也只有愛，
才能使人接近自然。
—— 關於自然的斷章

將我安置在此的是自然。
它或許會帶我到別的地方，
但我信賴它。
自然必定喜歡我！
它難道會討厭自己的作品嗎？
—— 關於自然的斷章

沒有比研究自然更令人興奮的事。
自然的祕密深不可測，
無論我們人類怎麼深入觀察，都被允許。
當我們想徹底查明自然的結構時，
反而更接近自然，
更能獲得新的觀察與發現。
這就是自然永遠的魅力。

—— 艾克曼・對話

真實是極簡單的事。
不過，為此而勃然大怒的人也大有人在。
實際上，他們應該了解，
力行真實本是非常辛苦的事。
—— 箴言與省察

人類全都生活在自然的懷抱中，

自然更包含在世界萬物中。

—— 關於自然的斷章

自然不會委身於任何人。

當然，對大多數人而言，

自然總是採取年輕少女千嬌百媚的姿態。

一旦我們沈迷於它各種不同的魅力誘惑下，

我們心底的防線就會在它完成目的的瞬間，徹底瓦解。

—— 艾克曼・對話

自然擁有無垠的多產性，

並充滿所有場所。

光是觀察地上的生物就綽綽有餘了。

我們高喊不幸的起因是，

自然根本不會給予所有罪惡與不幸發生的場所，

更不可能給予罪惡與不幸永續的條件。

—— 箴言與省察

真理是火炬，

而且是巨大的火炬。

所以，我們都能藉著雙眼透視它，

而不怕被它所灼傷。

—— 箴言與省察

真實擁有促進的力量，

錯誤則無法發展出任何東西，
它只會造成我們的糾紛罷了。
—— 箴言與省察

為什麼我到頭來還是最喜歡與自然來往？
因為自然的正確與錯誤經常專心一意地守在我身邊。
反之，如果自然與人類交涉，
就會持續不斷地發生彼此之間的錯誤。
更嚴重的是，
自然發生的錯誤常導致它不知何時該做決定。
再反過來說，只要遵循自然的法則，
所有的事自然一蹴即成。
—— 箴言與省察

在所有地方都能發現「完美」，
尊敬它便是真理之愛的表現。
—— 箴言與省察

歪理與虛偽處處不受歡迎，
誰也不願接受，
只是靜靜地忍受它。
不輕易擊敗的真實就完全不同了，
沒有人會把它關在門外吃閉門羹。
—— 箴言與省察

感覺是不可欺的；

判斷卻經常被蒙蔽。

—— 箴言與省察

徹底區分「真實」與「虛偽」的最明顯、最主要的標誌。

一言以蔽之，就是——

真實經常是生產性的，

它被真心擁護者細心呵護著。

相反地，虛偽不恥自己，鬱鬱而終。

它有如壞疽，

利用已腐壞的部分妨礙正在生長之部分的治癒力。

—— 箴言與省察

錯誤的論調不容易被駁倒。

也就是說，錯誤的論調常常立足於真實的確信上。

但是，反對錯誤的論調永遠被允許、被贊同，

而且勢在必行。

—— 箴言與省察

理解宇宙不可解之事物，

是人類必須永遠保持的信念。

如果不如此，

探討的工作可能就永遠停止了。

—— 箴言與省察

智慧只存在於真理中。

—— 箴言與省察

真理與錯誤源自相同的母系，

這雖不可思議，卻千真萬確。

所以，世界上總是存在著相當多的錯誤。

這些錯誤正是傷害真理的罪魁禍首。

—— 箴言與省察

真理的具體化並不一定必要。

真理就像目不可及的精神一樣，

四處飄泊，即使隱約地透露全體的一致與調和，

或許已經是它的全部——就像教堂的鐘聲，

溫柔、婉約，安靜地在空中迴響著。

—— 箴言與省察

認識錯誤比發現真理簡單多了。

錯誤總是浮在表面，

很容易就被找出來。

真理卻總是隱藏在最深處，

誰也不能輕易地挖掘出它的所在。

—— 箴言與省察

只有充實、

豐富的事物才是真實的。

——詩·遺言

天才被要求的最初到最後的東西，

就是真理之愛。

——箴言與省察

真實確能與鑽石相比。

鑽石的光不會只射中一面，

它可射向許多面。

——艾克曼·對話

第九節

思考與行為

思想既不是從活動的天性中衍生出來，
也無法有效地推動活動性的生活。
它只是隨著不同時期的情勢發展或消滅而多樣地變化。
但是，這種思想幾乎無法使世界真正獲利。
　　——箴言與省察

　　　　　在我們尚未給予自己支配本身的力量時，
　　解放我們精神的所有行為都是有百害而無一益的。
　　　　　　　　　　　　　　——箴言與省察

我們尊重古代的基礎，
但也不放棄現在重新建設的權利。
　　——箴言與省察

活潑而富於天分，

並且擁有對實際目標十分固執的精神，
是現代生活中最不可多得的一環。

—— 箴言與省察

惡意與憎恨如果只靠銳利的眼光組合起來，
它們只是徒留於觀察者眼中表層的看法。
反之，若是銳利的眼光使得好意與愛情能親密地結合，
它們就能洞悉世界及所有人類；
或者應該說，它們能達到最高者的期望。

—— 箴言與省察

我們最好隨自己之所好去認識世界。
因為世界如果有明亮的表面，
也一定會有黑暗的背面。

—— 箴言與省察

探測你的內心。
那麼，你就應該可以認清全部的你。
因此，當你呼喚它們時，
你的身體可以自然地聽到內心回答：「是！」
如此一來，你的欣喜當然是最好的表現方法。

—— 箴言與省察

正義佔據了廣大的領域，

但心存善良，
佔有更廣大的空間。
—— 箴言與省察

並不是所有的東西都無法理解。
—— 箴言與省察

追求對象的擴展稱為「學習」，
捕捉對象的深度則稱為「發現」。
—— 箴言與省察

智者在千年前已經回答的問題，
卻被無知的人類在千年後，
又得意地提了出來。
—— 箴言與省察

批評作者曖昧的人，
首先必須自我檢討，
自己的內心是否十分光明磊落。
因為，在微暗中無法非常清楚地讀一本書。
—— 箴言與省察

對於不喜歡的東西，

是丟棄它好呢，
還是改善它好？
—— 箴言與省察

對於由自己口中說出的錯誤，
而覺得自己沒有義務再重覆一遍錯誤的人，
已經完全轉變成另一個人了。

—— 箴言與省察

思想會再度回轉，
確信也會傳播四方。
但是，狀況一旦失去，
就不會有回頭的機會。

—— 箴言與省察

我所知道的事，
或許本來只屬於我一個人。
但是，如果我將我所知道的事告訴其他人，
那對方也會立刻露出一副非常了解的神情。
而我除了不斷將我所知傳播給其他人之外，
不讓自己發生閉門造車的情形。

—— 箴言與省察

認為不自由就是自由的人，

除了奴隸，不做第二人想。

—— 箴言與省察

> 任何人宣布自由都是件好事，
> 不過，那個人或許會立刻感覺到自己受到限制。
> 自己宣稱受限制也是件好事，
> 因為他一定會覺得自己自由了。
>
> —— 箴言與省察

> 知道提早節制的人，
> 會快樂地達到自由的目的；
> 而被強迫接受遲來之節制的人，
> 就只能得到苦澀的自由。
>
> —— 箴言與省察

> 人應該接受每個人與每件事的原本意義，
> 所以必須走出狹隘的自我；
> 而這也是比以前更自由的情緒再一次回歸自己的原因。
>
> —— 與米勒的談話

> 我知道自己能做與不能做的事，
> 所以我只想做我能做的事。
>
> —— 與米勒的談話

我們所做的真與善，

大部分都是在暗中進行，
且是不要求代價而斷然進行的。
　　　　——箴言與省察

人可以依照各種眼光觀察事物。

雖然各自在自己行進的道路上

所探究出的也只有真理或類似於真理的東西，

但是，已探究出的真理，

對人的一生大有助益。

——箴言與省察

如果世界要求人類完成所有的事，

人類必須實際考量自己的能力。

——箴言與省察

擁有深度的洞察力且能自制的人，

已經幾乎接近「完成」了。

——箴言與省察

即使天才也不可能不老不死。

這對那些庸俗之輩而言，

並不是一件值得安慰的事。

——箴言與省察

激烈的感覺

不能用緩慢的感覺去感應。

—— 箴言與省察

古諺有云：「侍僕絕非英雄。」

其理由是：英雄只能以英雄的標準加以認定。

同理，侍僕也只能以其同階級的人做出評估。

—— 箴言與省察

．馬布以茲／丹厄伊（黃金雨）

我們變成另一個人，

再度誕生於這個世界，
便是最美麗的輪迴思想。
—— 箴言與省察

愚者與賢者一樣，都是無害的。

只有半途而廢的愚者與半途而廢的賢者才是最危險的人。

—— 箴言與省察

真實且認真地投降於自己內心的人，

通常只能發現一半自己。

為了使自己能變成最完美的人，

還不惜捉住一個女人或一個世界。

—— 箴言與省察

隨著年齡的增長，

人會慢慢地失去原有的純樸。

心只要看慣了總結，

一定會錯失微妙之處。

—— 箴言與省察

人類若是以靈魂而非外在因素處理自己，

靈魂勢必深切反省自己的內心。

這剛好與音樂家面對樂器時的心境不謀而合。

—— 箴言與省察

世上沒有一種境遇

能靠行為與忍耐而獲得改善。

——箴言與省察

維持精神的肉體的力量實在大得驚人。

我下半身的情形已逐漸惡劣，

但我仍然用精神的意志與上半身的力量維持著它。

精神不能輸給肉體。

我在氣壓低的時候比氣壓高的時候，

更能快樂地做事，

因為在氣壓低時，

我非常容易緊張，

而我會努力不使自己受到這個壞影響，

且成功地做到這一點。

但是，在詩方面，

我無法成功地做到這種程度。

因為我體會出當精神的意志力無法克服一件事時，

必須耐心等待適當時機的到來。

——艾克曼·對話

支配自然界的光與支配人倫界的精神，

都是被公認為最高且不可分割的能量。

——箴言與省察

想藉著任何大而重的東西證明自己的力量，

得循序漸進，由小而大。

—— 箴言與省察

大凡國民無法判斷自己時，

就不能將判斷歸為己有。

但是，國民要達到這個優點，

通常是極為緩慢的。

—— 艾克曼·對話

我們這些上了年紀的歐洲人，

實際上多多少少都有些懷才不遇的感覺。

而我的狀況卻過於人工化，過於複雜。

在食物和生活方式中沒有真正的自然，

就連在社交上也沒有真正的愛情和好意。

每個人都是高貴且有禮貌的，

卻沒有人只擁有感情與真實的勇氣。

我常常在想，

如果我能誕生在南洋群島並身為野蠻人，

即使一次也好，

好讓我能品味一下純粹的人類生活，該有多好。

即使意義深遠的事被流傳，

人還不一定會廣為傳布。

恐怕只有那些完全熟悉的事才會浮現在他的念頭裡。

—— 箴言與省察

工作創造伙伴。
—— 箴言與省察

善良的年輕人啊！

如果認為已受人肯定的東西就是真實的東西，

因而喪失了自己的獨創性，

那真是在所有的錯誤中最愚笨的錯誤。

—— 箴言與省察

所謂的自然，

本來是很平凡的東西；

而所謂的自我創造，

原本也是很平凡的東西。

—— 箴言與省察

具有自我的人類，

從某方面說，

還是相當善良的，

而且只適用於下述的情形——

包含著堅硬果核的外皮，

在偶然的作用下轉變成柔軟的時候。

—— 箴言與省察

世上無法延長的，

除了你的生命，還有事業。

—— 遍歷時代

古人經常掛在嘴邊的金玉良言，

傳到後世子孫耳裡，

可能變成完全不同的意思。

例如我們現在常說的「了解自己」，

我們便不會將他解釋成禁欲的意思。

這句話也絕不是近代的憂鬱病患者，

或自我苛責的人所說的「自我認識」的意思。

其實，它的意思非常簡單，

就是為了使你認識你的同輩與世界之間，

到底存在著何種關係，

進而注意你自己，認識你自己。

因此，根本沒有必要做任何心理上的自我苛責。

任何有為的人都會將這個意思當作知識，

當作經驗，因為這句話真的是用途極廣，

助益良多的忠言。

—— 箴言與省察

多數思想都是從當代的一般文化中發展出來，

這種情形就如同從綠色的枝上開出美麗的花朵。

而在玫瑰盛開的季節，

處處可見綻放的玫瑰。

—— 箴言與省察

由自己所做的事區別自己與他人，

由此便可以開始了解自己。

—— 箴言與省察

人啊！

最好學習古代人，

尤其是蘇格拉底學派的偉大思想。

這個學派把一切生活與行為的根源及準則，

以目視為標準，不會滿腦子空想；

並勸人生活與行為必須正大光明。

—— 箴言與省察

人如何了解自己？

絕不是靠自省，而是靠實際的行動。

如果你能試著克盡自己的義務，

立刻就會了解你自己。

但是，什麼是你的義務呢？

那就是克盡每一天的任務。

—— 箴言與省察

歡歡喜喜地工作與喜歡自己的工作，

這樣的人是幸福的。

但是，人為了了解什麼事該做，應該怎麼做，

卻必須花費一段相當長的時間。

—— 箴言與省察

什麼縮短了時間？活動。

什麼能耐得長久？安逸。

——西東詩集

能夠改善缺點、補償錯誤的人，

是最高的幸福。

——箴言與省察

・高更／黃色基督

我們竭誠迎接為好友

這樣我們就可以獲得天使的氣質。

　　——浮士德　Ⅱ

對於活動的人而言，

做正確的事很重要。

但是，他們並不關心，

這些正確的事是如何形成的。

　　——箴言與省察

　　　　　　　　　　　　活動是人類最重要的使命。

　　　　　　　　所以，除了不得不休息之外的其它時間，

　　　　　　　　　都必須用來認識外界的事物。

　　這些認識也可以幫助我們很容易地處理即將到來的活動。

　　　　　　　　　　　　——美麗靈魂的告白

我們稱氣氛是什麼，它就是什麼。

對於那些整日庸庸碌碌的人而言，根本無氣氛可言。

……

今天不能，明天也不行，

只是渾渾噩噩地過完每一天。

　　——劇場的前戲

變化無常的一切，

只是一些虛影而已。

——浮士德　II

唯有朋友能在不斷努力勇往直前的路上與我同行。

如果他叫我坐，

我只能悄悄躲開。

——詩・四季

我們的不幸或是因過失而引起的煩惱，

無法用智慧或理性治癒它們。

時間可以使它們痊癒，

斷然的活動則具備了治癒它們的全能力量。

——遍歷時代

不要拘泥在一個地方，

提起精神向前走！

只要頭手有力氣，

行到何處都可以為家；

只要順應天道，

再也不用煩惱。

個個勇敢向前，

世界何其寬廣。

——遍歷時代

我的忠言都有其道理。

在所有非創造性的日子與時間裡，

與其在往後的日子，

每天處理自己絲毫不喜歡的事，

還不如優閒自在地過日子、睡覺……

休息與睡眠是創造的原動力。

但是，這個原動力也包含在活動之中——

遼闊的原野與新鮮的大氣

本來就是最適合我們居住的地方。

在那裡，神的精神直接接觸人類，

甚至有些神力還能影響那裡的一切活動——

拜倫有時策馬海灘，有時揚帆海上，

甚至利用海浴、游泳消耗體力，

每天在戶外度過幾個鐘頭。

他曾經是最富創造力的人物之一。

　　——艾克曼·對話

第十節

認識與科學

我們只能看見已經知道或理解的事。

但是，有些擺在我們眼前，

天天看到的事，

會隨著我們知識與教養的提高而重新認識。

也就是說，分離我們與我們最重要的目標的，

只不過是薄薄一張紙的距離。

現在我們最迫切要做的事，

就是大膽地突破這個距離。

—— 與米勒的談話

真理違反我們的本性，錯誤則否。

這當中有一個非常簡單的理由，

那就是——真理要求我們認識限制我們自己的東西，

錯誤則諂媚我們，

並告訴我們不會受任何限制。

—— 箴言與省察

就一個新的真理而言，

一個古代的錯誤並不足以危害它。

——箴言與省察

純粹的學理讓我們相信，

與它本身有關的各種現象都是有益的。

除此之外，都是無益的。

——箴言與省察

破壞時，

所有虛偽的論據都是有效的。

在建設時，

它就行不通了。

非真實的東西是無法建設的。

——箴言與省察

任何現象，

它本身並不需要多做說明。

總括性地概觀多數現象，

只要能有效地整理，

最後定會得到認同，

並成為一種理論。

——箴言與省察

所希望的東西不會全部得到，

也無法全部認識值得認識的東西。

——箴言與省察

　　　　　　　理念永遠是單一的，

　　　　　所以不能用複數代表它。

　　　　我們可以感覺、可以說話，

　　而這全都屬於理念的各種徵候。

我們可以用完整的概念表達自己，

　　　而這種概念也是理念的一種。

　　　　　　　——箴言與省察

我們所稱呼的理念，

經常以各種現象表現在眾人面前。

因此，對我們而言，那都是屬於現象的法則。

——箴言與省察

　　　　　　　　　想爭論原理時，

　　　　首先必須十分明瞭這個原理，

　　　　　　　　　才能據理力爭。

　　　　　　　　　　　若非如此，

就只是愚蠢地與自己造作的幻影格鬥罷了。

　　　　　　　　　——箴言與省察

在求學的過程中，

古人已找出他們所有做過的事當中不十分真實的地方。

繼承前人的經驗是最有效的方法。

—— 箴言與省察

當我聽到有人提起自由的理念時，

總是驚訝於為何人類總喜歡玩弄空虛的言詞。

理念為了實現嚴肅的使命，

必須堅強而有力地孤立自己。

更何況，理念並不承認自由，

因為理念還負有其它使命。

—— 箴言與省察

世人云：在兩個反對意見之間必有真理。

事實上，大部分的問題通常是——

當永遠活動不息的生活與目視不見的東西都暫時禁止時，

應該站在兩個反對意見的哪一方才好呢？

—— 箴言與省察

光與精神，前者在物理，

後者在倫理的範圍中發揮力量，

是屬於可思想但不可分離的最高能量。

—— 箴言與省察

我們應當努力地潛入自己的心中，

用誠實與清晰，
除去彌漫於心中的錯誤、不合理與不成熟。

—— 箴言與省察

生命擁有順應外界多樣化之條件影響的能力，
而且不放棄已獲得具決定性的獨立等多項天性。

—— 箴言與省察

不論做任何事，總會有天生缺陷的人。

但是，使所有有能力的人產生缺陷，

並使所有活動停止而更妨礙自由進步的危險惡魔，

大都是性急與迷信的。

這種情況使得世間一般的事情都能妥當地完成。

特別是關於科學方面的事，更能順利完成。

—— 箴言與省察

當我們懷疑確實的事，
決定不確實的事時，
我們的錯誤就形成了。
在研究自然時，我的格言是——
堅持確實的事，注意不確實的事。

—— 箴言與省察

在科學領域，

古人已經找出所有不十分真實的東西，
並了解在這些東西上面繼續發展，
一點好處也沒有。

——箴言與省察

科學中有一種罪惡，

在其它事物中也同樣如此，

那就是——沒有能力掌握理念的人類，

竟然持著能實行理論這種宏大的想法。

為什麼他們抱持著如此宏大的想法？

因為他們不知道，有這種想法，

不只要了解許多事，

還必須具備實行理論的資格。

他們擁有第一次被人褒獎的人類的智慧。

但這種智慧也有其界限。

只要他們的想法超過了智慧的界限，

就有使不合理的事發生的危險。

而依人類的智慧所劃分的區域，

則是行為與行動的領域。

智慧很少脫離活動的正道。

但是，超過智慧的思想、結論與判斷，

就非智慧的能力所及了。

——箴言與省察

人類智慧的最後一句話是：

「欲戰勝自由與生活者，必須每天接受新的挑戰。」

——浮士德　II

第一次認知及發現的喜悅，

誰也無法從我們身上奪走。

但是，如果我們因此而沽名釣譽，

那種喜悅便會成為最大的阻礙。

因為我們在大部分場合中，

並不是最早發現的人。

——箴言與省察

・高更／馬奴・突帕苞

你時常靜靜地住在殿裡，

我卻喜歡剽各處馳騁。

——浮士德　II

科學與藝術一樣，

可以留傳、學習的部分就是真實的部分，

而無法流傳、學習的部分也就變成理想的部分。

在科學的爭論方面，

最重要的是，

注意不使多方面的問題流於空洞。

——箴言與省察

對太多要求及錯綜複雜的事物感到喜悅的人，

經常將自己驅入昏迷的危險之中。

——箴言與省察

懂得分別、了解事物的人，

到了老年，一定會輕視科學。

那是因為他們對科學及人類有太多的要求所導致的結果。

——箴言與省察

親自動手處理不值得知道的事與不必知道的事，

對於科學的進步，是一種極大的阻礙。

——箴言與省察

雄辯家以言辭勝人一籌，

我是深知其然，但卻望塵莫及。

——浮士德　II

大凡生存，總是與永遠的分離相結合。

所以，遇到考察大問題，

人類的聚散離合說不定就是當然的結論。

——箴言與省察

「假說」是建築物建築之前的基礎。

但是，這座建築物一旦完成，

就會面臨拆除的命運。

這個基礎對作業人員而言，

是不可或缺的。

可是，絕不能把基礎當成一座建築物。

——箴言與省察

自然科學的大學者都提倡處理個別理論的重要。

也就是說，必須關心個人的題目。

但是，他們從不考慮去個別研究向全體表示關心的方法。

如果能贏得全體的關心，

就不必拚命盲目地追尋無數個個別現象了。

——箴言與省察

我們到底了解什麼？

甚且，即使我們竭盡我們所有的智慧，
到底能達到何種境界？

—— 艾克曼·對話

如果有一個物理學的教授，
在他自著的物理學提要與圖表中，
論述奧祕的自然與高於精神的要求是無與倫比的東西，
而學生們也都能充分接受，
那這位教授理應受到世人尊敬。

—— 箴言與省察

人類本身如果能充分使用健全的智慧，
無疑地會是最偉大、最精密的物理機械。
人類如果只想藉著由人類分離下來
所呈現的單純人工化機械實驗認識自然，
並利用這種實驗規定及證明自然中不可及的事物，
那真是現代物理學的最大不幸。

—— 箴言與省察

恐怖、苦悶、憤恨、震驚、墳墓等語，
在文字學上雖然語音相近，
我們卻不願意聽聞。

—— 浮士德 II

那些所謂的專家學者

都是很可憐的人，
因為他們不允許對無用的東西視若無睹的情形發生。
—— 箴言與省察

人類並不是生來解決世界上的各種問題。

實際上，應該首先探討問題從何而起，

接下來就應在自己可以把握的界限中停留、生活。

科學卻使一般事物遠離生活，

並且再一次回到一成不變的生活中。

—— 箴言與省察

太熱心詢問原因、

搞混原因與結果、

安於錯誤的理論——

這些都是非常有害的，

並且會使事情陷入無解與混亂中。

—— 箴言與省察

當我看見哲學、科學、宗教的歷史，

方才了解，所有普及於多數人的意見，

充分迎合人類精神之卑俗狀態的情勢，

經常都佔優勢。

如此一來，那些以高度教養為理念的人必須覺悟，

他們將會遭到大多數人的反對。

—— 箴言與省察

不論是戰爭或和平，

聰明人會打算盤，絲毫不放鬆任何有利的瞬間。

—— 浮士德　II

我不敢說有理論意味就是絕對的，
但我主張，認識現象中那些絕對的東西，
並進而密切注意它們的發展，
將會得到極大的利益。

—— 箴言與省察

在自然科學中，
如果沒有借助於形而上學，
就會有許多問題無法貼切地表達出來。
但是，形而上學並不是屬於學院派或言詞上的智慧。
它存在於物理學之前，
也與物理學並存，
更可能存於物理學之後。
它是以前有，現在有，
將來也會有的一種生生不息的學說。

—— 箴言與省察

現象給予我們對自然更深、更豐富的觀察。
但是，它如果不能被我們利用，
就根本毫無價值可言。

—— 箴言與省察

波浪自身是毫不生產，

還到處傳播不生產的性質。

——浮士德　II

我們公開發表對世界有用的一般原理，

其它事應該收在自己心裡。

但是，那就像躲在雲後的太陽，

它柔和的光輝依然普照四方。

它可能照在我們所做的事情上，

同時擴散到其它層面。

——艾克曼・對話

在紐約，大概有九十種基督教派，

而且它們不會互相混淆，

各種宗派各有其信仰的神與主。

在自然研究或所有的研究中，

我們絕對不會朝那個方向發展。

因為即使誰說自己寬大，

仍會妨礙到別人思考各種宗派，

發表意見時的自由，

那這種行為又算什麼呢？

——箴言與省察

請不要用猜謎的話語使我煩惱，

請簡單地說明我該怎麼辦？

——浮士德　II

為了認識而無法滿足於最淺近的東西，

是人類與生俱來的性質，

也是人類本性中組織最嚴密的特性。

雖說在瞬間內，

我們本身所認識的現象都是最淺近的東西，

不過，只要我們奮力深入其中，

還是能要求它們給予我們最清楚的解釋。

可是，人類並沒有學會這件事，

因為它與人類的性質相反。

而且，有教養的人雖然從中認識到一些真實的東西，

卻不認識這只是單純且最淺近，

和最遠一點都沒有關係的東西。

於是這件事便錯上加錯，不斷重複。

所謂結合近的現象與遠的現象，

只是意味著所有東西在可及之處，

擁有顯現少數偉大的法則與關係。

——箴言與省察

真理的話語，

如同大氣，像神仙伴侶，成為永恆春日。

——浮士德　II

在科學的範圍內，

不容許神話及傳說存在。

如果能將神話與傳說托付給受世人喜愛，

對世間有功的詩人就好了。

科學家只會將自己侷限在最淺近也最明確的「現在」。

如果科學家想改行成為修辭家，

就沒有理由再把神話與傳說當成禁止談論的話題。

—— 箴言與省察

學派，

恰如百年時一個孤孤獨獨、

嘮嘮叨叨又窮極無聊，

卻又是自己最愛自己的人類。

—— 箴言與省察

看了研究自然的歷史，

經常會發現，

觀察者為了提早從現象中得到理念，

常常出現不完全的假說。

—— 箴言與省察

外貌閃爍又能徒耀一時，

內在真美方能百世不滅。

——浮士德　序

所謂的學說，

根本不會被人流傳。

我們必須靠自己直接的觀察與省察，

才能創出學說。

重要的是，

學說是實實在在的，

而非混淆理論。

——與米勒的談話

・高更　我們從何處來？我們是什麼？我們往何處去？

凡事要成功的人，

總要先知道最好的工具。

——浮士德　序

一種現象，一次實驗，並不能證明什麼。

它只是屬於大連鎖中的一環，

並意味著與其它東西有某種關聯。

即使有人要我相信，

他所最先學習的是用繩子串連一串真珠，

並選擇其中最美的幾個，

留下瑕疵品，以完成一串美麗的真珠，

但是，誰跟這項交易都沒有任何瓜葛。

——箴言與省察

最高深的事都可理解，

所有的事實都有其理論。

而在諸種現象背後，

才會有其無法探討的情境。

其實，現象就是學理。

——箴言與省察

所有發生的事都追求空間，希望永恆。

所以，它們推開其它阻撓物之後，

反而縮短了自己的永恆時間。

——箴言與省察

幸福初生，色誘隨之而至，

歡樂才剛開始，苦痛就萌芽了。

毫味經意之間，成就了一段情懺。

—— 浮士德　序

只有解除愛情的人才認識缺陷，

從而洞察缺陷。

為此，我們必須解除愛情。

但是，只限於解除不必要的愛情。

—— 箴言與省察

從個體看來，所有實驗都極為重要。

而如果能與其它實驗相結合，

一定能再一次獲得它的價值。

—— 主體與客體及其媒介間的實驗

如果能讓對我們的科學有所幫助，

富於觀察力的人與精通各事又有教養的人合作共事，

便能使他們各展所長，

提高一般用物有效的程度。

—— 主體與客體及其媒介間的實驗

所有的事都比我們想像中簡單，

同時又比我們所能理解的複雜。

—— 箴言與省察

生物具有順應外界影響下極多樣化的條件，

以及不放棄靠戰爭取得之決定性自立的天性。

—— 箴言與省察

　　　　　　　　　　將最相近的東西並列，

　　　　　　或者由最相近的東西推論到最相近的東西，

　　　　這種慎重的方法是我們這些數學家必須學習的。

　　　　　　　　—— 主體與客體及其媒介間的實驗

地球到達成熟時期，

引水使乾地變得綠意盎然，

接著就來到人類出現的時代。

因此，萬能的神便在允許的土地上製造人類。

這個地方最初恐怕還是一片高地吧！

看到這種情形，

我認為多少還是有點道理存在。

但是，探討這件事的起源是沒有用的，

因為喜歡參與不可解的問題，

無疑地是將問題委託給無辦事能力的人。

—— 艾克曼・對話

詩人用什麼鼓動人心？

詩人用什麼征服萬物？
豈不是湧自胸中，
而能與萬物和諧的那種東西？

——浮士德　序

力量正以最單純的形態睡在種子裡，
而且，它期待著被生出來以呈現原型。
也就是說，它將自己封閉在自己裡頭，
在外皮的覆蓋下捲曲著，
維持原來一半的形狀，
亦即在根本還沒有顏色的葉、根、芽之中，
在乾燥狀態下，
隱藏起安靜的生命，保有生命。
不久，藉著柔潤的濕氣，不斷地往上爬。
過了一會兒，就圍著自己，在夜晚時蹦出大地。

——植物變形論

在古代德國的建築物中，
常常可看見如花裝飾過般的非凡景象。
只要直接面對這種花開似之建築的人，
沒有不大為驚嘆的。
但是，觀察植物內部神祕的生活、活力充沛的活動，
及花為何會逐漸綻開的人，
便會以全然不同的眼光觀察這些建築，
並能了解其中的含意。

——艾克曼·對話

人在努力時，

總是免不了有些錯妄。

——浮士德 序

經驗能無限擴大。

理論卻不能與經驗相同，

進而接近純化、完美。

經驗能將宇宙導向所有的方向，

理論只封閉在人類的範圍之內。

所以，即使所有思想一再重複，

經驗不斷擴大，

也可能發生愚昧的理論再一次贏得世人寵愛的情形。

——箴言與省察

高居詩人的寶座的你在夢想什麼？

你以為客滿就會使你開心？

請走近身去看看那些顧客；

一半是冷淡，一半是野蠻，

有的看完戲還想去打牌，

有的還想在妓女懷中，

荒淫放肆到天亮。

——浮士德 序

第十一節

神與虔誠

人類放置的東西，
有時正，有時不正，
總是不能放得正確。
反之，神放置的東西，
或正，或不正，經常是各得其所。
　　——箴言與省察

任何本質不會由有而散盡，
永恆則必須靠不斷努力才能到達。
擁有幸福就是存在，
而存在即是永恆。
因為，法則保有閃閃發光的寶石。
也由於有了它，
才能以「全」裝飾自己。
　　——詩・遺訓

感到畏懼，

是人類擁有的最好習性之一。

—— 箴言與省察

我們在研究自然時是泛神論者，

吟詩時是多神論者，

道德上則是一神論者。

—— 箴言與省察

在神之前，

或高、或低，或明、或暗，

各種現象隨處可見。

而上與下、日與夜只存在於人的生活中。

—— 學習時代

人是非常柔弱的，

因為人什麼都想要，

卻什麼也得不到。

神則是強壯的，

因為只要神想得到人，

立刻能輕而易舉地將人掌握在手中。

—— 箴言與省察

神給予人各種不同的東西。

有人從中悟出善，
也有人從中悟出了惡。

—— 箴言與省察

有時我真想消滅雲彩，
並覺得那是理所當然。
神啊！請賜給我和雲彩一樣，
每日過著逍遙自在的生活。

—— 西東詩集

探測宇宙的活動，
非人類的能力所及；
理解萬物的奧妙，
也非人類在小小的空間內所能完成，
只是徒費辛勞。
因為人的理性與神的理性是兩個完全不同的東西，
人根本無法左右神的理性。

—— 艾克曼・對話

神如果提高我們的立足點，
便是提升了一切；
如果降低我們的立足點，
就是補足我們所有的悲慘。

—— 箴言與省察

未擁有守護自己的盾，

無異於拒絕了上帝恩寵的手，
任由自己接受曠野中的誘惑，
無法自拔。
—— 箴言與省察

神性在活生生的生物中不斷運轉。

已死去的生物中，毫無神性可言。

它存在於生長變化中的東西裡，

在已完成、凝固的物體中絲毫沒有它的蹤跡。

所以，理性為了達到神性的境界，

必須以成長、有生命的生物為其對象；

悟性則利用已完成、凝固的物體為其對象。

—— 艾克曼・對話

呼吸包含了兩種智慧：

吸入空氣與吐出空氣。

一個壓迫胸部，一個使胸部舒爽，

生命就像這不可思議般的混合體。

當神壓迫你，你可以感謝神；

當神解放你，你也可以感謝神。

—— 西東詩集

「自然將神隱藏起來！」有人這麼說。

但是，誰都沒有確實的證據。

—— 箴言與省察

思索人類最美的幸福，

就是窮盡可探索之物的究竟，
安靜地推崇無可探索之物。

—— 箴言與省察

人真是深不可測，

他們希望神對待他們就如同自己的同輩一樣，

由此得到最高的存在。

如果不如他們所願，

神、愛神、善良之神等等，

一概不再招呼。

此時，神對人類，

尤其是對每日讚美神的聖職人員而言，

只是一句空言，

徒具其名而已；

即使口中仍然讚美神，

心中卻毫無敬仰之心。

但是，即使能真正深切地感受到神力的偉大，

嘴巴卻不能說話，

也無法以敬畏的口吻稱呼神的聖名。

—— 艾克曼・對話

流著眼淚，食不知味地吃著麵包。

在這個悲哀的夜裡，

我並沒有在床上哭了一整夜，

只是不了解上天般的神力。

—— 學習時代

信仰是不可見的愛；

信賴更不會使不可能的虛榮無中生有。
———箴言與省察

如果再大的力量也不能守住我，

人們應該會知道，

或許在所有人心中已有防患於未然的想法，

絕不會輕易陷入誇耀自身之力量與能力的危險。

———美麗靈魂的告白

・高更　我們從何處來？我們是什麼？我們往何處去？

「持續今日」，

這經常是永久存在的保證。

—— 箴言與省察

住在岩石與樹上專做善事的精靈啊！

請你滿足人類各種不為人知的願望；

請安慰悲傷的人，給疑惑者忠告，

予戀愛的人幸福。

因為神賜予你們

拒絕人類的能力，

也賜予你們

信賴與安慰人的手，

以及幫助人類的能力。

—— 詩集

哲學是由證明我們靈魂不滅的傳說中衍生出來，

這是愚蠢且不具任何意義的。

我確信長生不老是由活動的觀念中演變而來。

因為，我們在生命劃上休止符之前，

必須不停地勤奮工作，

而在不得不維持我們勤奮的精神時，

自然有給予我們別種存在形式的義務。

—— 艾克曼・對話

欲步入無限之中，

或是大步邁向有限的存在之中。

—— 神與心情與世界

祈禱，有如舒爽人心的馨香，

給予人類追求希望的力量。

—— 神與心情與世界

如果善意的言語佔領了好的場地，

那虔敬的言詞將佔據更好的場地。

—— 神與心情與世界

到了七十五歲，

不會時時刻刻想到死亡是不可能的。

但是，我對死抱持著一份平靜的心情，

因為我確信，

我們的靈魂擁有無法全然消滅於無形的特性，

而且會持續到永遠。

就像太陽一樣，

它並不像人們親眼所見般日落西山。

事實上，它在我們眼中西下，

卻又在另一個半球上升起。

它是一顆永不沈沒的太陽。

—— 艾克曼・對話

在何種境界，

瞬間也具有無限的價值？

日後它們一個個將永遠呈現在世人眼前。

——艾克曼・對話

「雖死猶榮！」

如果你不能覺悟死的意義，

你只不過是在幽暗世界中，

一名憂心忡忡的過客。

——西東詩集

每個人心中一定藏著一份不死的證明。

除此之外，這份證明就英雄無用武之地了。

誠然，自然界的一切都有一定的新陳代謝。

但是，在新陳代謝的背後，永恆將永遠安息。

——與米勒的談話

「崇高」已因知識而寸斷，

再也無法輕易地以全貌呈現在我們的精神之前。

如此一來，我們被賦予的「最高尚」並提升我們，

使我們感到充分且無限存在的「大調和」

已經逐漸被奪走，

隨著我們知識的增加而越來越小。

曾經如巨人般與宇宙並立的我們，

現在只能如矮子般，面對宇宙的部分而立。

——箴言與省察

羊皮古書並不是止渴的甘露，

飲了一口豈能使你永不乾涸！

—— 浮士德　I

我為大肆喧嘩事物的無常與沈溺

於考察現世之空虛的人感到悲哀。

我們之所以存在這個世界上，

不就是將無常變為永恆嗎？

這也使人能實現兩方的評價。

—— 箴言與省察

如同公共的儲蓄銀行與互助金庫，

信仰是目不可及的家庭儲蓄。

銀行與金庫的功用是提供人有不時之需時，

可將以前存入的錢提出來使用，

而信仰是指信徒可在不知不覺中收到自己的利益。

—— 箴言與省察

現在，我有機會檢討自己走的道路是真實還是空想？

自己的想法是否與別人的想法相似？

自己信仰的對象是否具有真實性？

如此一來，

就可從中看出我們原來信仰的對象是否真實，

並使心靈更有依靠。

—— 美麗靈魂的告白

世上都是煩惱人，

只有少數是快樂的，但也陷入孤單。

——浮士德　I

迷信是人類與生俱來的本性。

但如果太過迷信，

會使自己鑽入牛角尖而不自覺。

雖然可有某種程度的安全，

但難保不會再度發作。

真正的宗教只有兩種。

一種是將存在於我們內部的「神聖」賦予無形去認知、

崇拜的宗教，

另一種則是把「神聖」當成最美麗的形象，

去認知、崇拜的宗教。

它們的共同點是——崇拜偶像。

——美麗靈魂的告白

沒有必要將真理具體化。

可以以精神為標的，

使全體一致、調和，

如同鐘聲般溫柔隱約地在空中迴響。

那也就徹底實現了真理。

——美麗靈魂的告白

渴求真理，

往往慘苦地墮入迷津。

——浮士德　I

擁有學問與藝術者，
就擁有宗教思想。
無法擁有學問或宗教的人，
也可以擁有宗教思想。

——澤明·克社寧

基督教本身擁有自立的力量，
這種力量可偶爾使衰頹的人類再度興盛起來。
只要認識所有的力量，
就可以發現，
基督教超越一切哲學，
不需要哲學的幫助。

——艾克曼·對話

從古至今，人們對於《聖經》的普及有益或有害，
一直不停地爭論著，今後也會如此。
我非常明瞭原因何在。
如果只有幻想性地擷取教義，那是有害的；
能得到神教導般豐富的感情，便是有益的。

——箴言與省察

夕陽消隱了，

匆匆地去催促生命的新生。

——浮士德　Ⅰ

觀察聖經中的事情有兩種立場。

第一是一種根本宗教的立場，

也就是發自神純自然與純理性的立場。

這種立場只存在於受惠於神的人，

永遠受到尊敬，永遠不變。

但是，這些受到神恩的人由於太過高尚，

無法推廣至一般人。

第二是教會的立場。

這與人類有相當大的距離。

這種立場非常容易變化，

而且一直在變化之中。

這種立場在人類短暫的生存中，

還在持續不斷地變化。

由於眩目的神的啟示過於純粹與耀眼，

使得貧弱的人類無法忍受與適應；

而教會就扮演居中親切的調停者，

緩和其中的衝突，

救助所有的人，

並以維護多數人的利益為其目標。

——艾克曼・對話

千行熱淚奪眶而出，
我便感覺到萬象更新了。
—— 浮士德　I

　　　　　　　　　　　世界延繞的極限，

　　　　　　大概是由於人類當中沒有一個能說：

　　　　　　　「我有把握全盤了解《聖經》，

　　　　　而且再精闢的部分都能完全理解。」

　　　　《聖經》永遠是生生不息之書籍的證據。

　　　　　　　　　但是，我們只能謙虛地說：

　　　　　　　　「《聖經》是莊嚴神聖的書籍，

　　　　　　　　流覽精闢之處，對人助益良多。」

　　　　　　　　　　　　　　—— 箴言與省察

我認為沒有人能看出我與其他人心中最重要的東西，

而這最美好的東西就是深深的寂靜。

我住在其中，

對抗這個世界，

生活與成長。

因此，世界即使擁有火與劍，

也無法奪去我的生活空間。

—— 箴言與省察

因為魔界有一條規律：
從何處進來，必從何處出去。
走進來倒是自在，走出去成了奴才。
　　　　　——浮士德　Ⅰ

我也感覺著，我只是徒勞，
雖然積聚了人類精神的瑰寶，
往後當我靜坐思考，
新的心力卻無法湧現；
我自己沒有絲毫增高，
也沒有向無限更接近一步。
　　　——浮士德　Ⅰ

第十二節

與浮士德乾杯

關於·浮士德

《浮士德》分兩部。

第一部從「天上序幕」開始，上帝和魔鬼梅菲斯特爭論人的善惡。魔鬼認為人是情慾的奴隸，只能困惑終生，永遠受苦；但上帝堅信人無論陷入怎樣的迷誤，犯有怎樣的過失，最終能走上正路。於是雙方以下界正處於徬徨和絕望中的浮士德博士打賭。魔鬼要把他引入邪路，上帝相信「一個善人，在他摸索中不會迷途」。

年近半百的浮士德博士是個飽學之士，他知識淵博，受人尊敬，但此刻卻感到知識的無用，書齋生活的可厭。他要掙脫這一切，沐浴在健全的清露之中，鼓舞起入世的膽量，去品嚐世上的苦樂。於是他求助於魔法，用符咒招來地神。但地神無能為力，他憤而想以自殺求得解脫。

恰巧此時復活節的鐘聲大作。喚起了他對生的依戀；但並不能使他擺脫精神上的痛苦。這時魔鬼梅菲斯特乘機而入，與浮士德訂立契約：為浮士德服務，滿足他提出的

任何要求；浮士德一旦感到滿足，那生命便結束，靈魂為梅菲斯特所有。

就這樣浮士德在魔鬼的陪伴下，走出了與世隔絕的書齋，決心去體驗世間的痛苦和歡樂。他結束了探索人生的第一階段——知識的悲劇。

浮士德喝了女巫的藥湯，恢復了青春，心中充滿了對情慾的渴望。在大街上他遇到市民階級出身的少女瑪格麗特，兩人彼此相愛。由於魔鬼的播弄，瑪格麗特為了和浮士德幽會，誤毒死了自己的母親；浮士德又誤殺死她的哥哥。瑪格麗特於是陷入一種精神錯亂狀態，她溺死嬰兒，被關進監獄，判處死刑。

梅菲斯特為誘使浮士德墮落，把他領入布羅肯山，參加一年一度的瓦埔幾司之夜魔鬼們的狂歡。而浮士德在這荒唐淫蕩的場面中並沒有迷失本性；他堅持要魔鬼從獄中救出瑪格麗特。他們進入監獄，但篤信上帝，懺悔罪愆的瑪格麗特拒絕與浮士德一道逃走。最後她得到了上天的赦免。在這場情愛的悲劇中，浮士德享受了官能的快樂，體驗到了愛情的幸福，但帶來的結果卻是瑪格麗特的悲慘遭遇和自己良心上的痛苦，這使他悲憤地喊出：「我不如不生！」——愛慾給予他的不是滿足，而是悔恨。

《浮士德》第二部開始時，浮士德偃臥在百花爛漫的草地，疲憊不堪。這時無數精靈圍繞他唱歌跳舞，給他浴

以「忘川之水」，使他忘卻痛苦的往事，浮士德又恢復了活力。

　　梅菲斯特把浮士德引進皇帝的宮廷。這裡，一切非法的行徑都披上合法的偽裝，所有的邪惡都顯得冠冕堂皇。皇帝正為財政窘迫所苦，浮士德為他發行紙幣，解決了燃眉之急。他又應皇帝的請求，在魔鬼的幫助下，從古希臘召來了美女海倫。

　　浮士德驚嘆海倫的絕世姿容，他嫉妒在舞台上出現的美男子帕里斯，把手中的魔鑰匙朝他擊出。一聲轟響，一切都化為煙霧。浮士德昏倒在地，他又經歷了探索人生的一個階段——用自己的才能為統治者服務的悲劇。

　　梅菲斯特背著浮士德返回書齋。浮士德的弟子華格納正在實驗室裡製造「人造人」，魔鬼幫他造成了小人何蒙古魯士。浮士德一醒來便探問海倫的去向。於是何蒙古魯士領著梅菲斯特和浮士德溯時間而上，去遠古尋找海倫。

　　經歷了古典的瓦普幾司之夜，浮士德終於找到了象徵古典美的海倫，兩人結合並生了一個兒子歐福良——古典美與浪漫精神結合的產物。歐福良由於無止境的追求，最後由高空中墜地而死。海倫也返回了陰間，她的衣服和面紗化為白雲，把浮士德裹入高空，帶回現實。浮士德又經歷了探索人生的一個階段——古典的美只是一場虛空。

　　浮士德隨著一朵浮雲降落在高山上。他面對咆嘯肆虐的大海，內心燃起了對事業的渴望，就是設法去征服大

海。當時國內發生內戰，浮士德借助梅菲斯特的魔法，幫助皇帝平定了叛亂，從皇帝那裡得到了這片海濱封地。浮士德成了統治者，他率領人民同大海搏鬥，向大海索取陸地，去實現改造自然，造福人類的偉大理想。

這時由於有位名叫「憂愁」的女人的法術，致使浮士德雙目失明。魔鬼看到浮士德末日已到，就派小鬼為浮士德挖掘墳墓。雙目失明的浮士德聽到鐵鍬的撞擊聲，以為這是他的人民在向海洋進行鬥爭，他陶醉在這壯麗的景象之中，得出了人生的最高真諦——為幾百萬人開拓疆土，使人民在新的土地上安居，每天為自由的生活開拓，然後才能自由地享受生活。在這最美好的時刻，他喊出了：「你真美呀，請停留一下！」他得到了最高的滿足，但是他倒了下去，他的生命結束了。

依照契約，浮士德的靈魂應為魔鬼所有，但這時天國之門大開，天使從梅菲斯特手中將浮士德救出，被前來迎接的瑪格麗特引進了上界的天國去了。

百世不滅，這話誰能相信？

假如我也要談及死後的事，

在目前有誰要來給我們安慰？

——浮士德　序

我目前所擁有的，似乎遙不可及；

而久已消失的，卻似如真實不滅。

——浮士德　獻詞

只要你聰明和誠懇，

不需要用技巧媚人，

有什麼便說什麼，

更何必咬文嚼字？

你的言辭儘管光彩陸離，

塗抹了許多人生哲理，

但終如秋風掃落葉，

一樣的令人不愉快！

——浮士德　I

我說，只愛思索的人，

猶如一匹著了魔的畜牲，

只會在枯槁的荒原四處找尋，

卻不知四周有美麗青蔥的牧場。

——浮士德　I

現今的人都遠離了正義，

我所仰慕的還是善良的前輩；
當我掌權的時候，那真正是黃金年代。

——浮士德　I

真正的德國人，都恨法蘭西，
但法蘭西的酒，德國人都愛。

——浮士德　I

自從那人不在身邊，
我如葬在荒郊，
這全盤的世界呀，
已變成了囚牢。

——浮士德　I

現在誰願意閱讀，
內容穩健高明的著作。
至於那些可愛的青年們呀，
是空前未有的傲慢與淺薄。

——浮士德　I

留心細看，你會更能體認：
我們的人生得反映出五彩繽紛。

——浮士德　II

不要對太年輕的女子鍾情，

如此年紀大的女人就會對你尊敬。

——浮士德　II

世界上何處不缺少一點什麼？

我缺這，你缺那，這兒缺少金錢，

地下雖然是挖不出它來，

但智慧卻知道朝向深處去挖。

——浮士德　II

惡魔對你們撒下了金絲織成的圈套，

我們要留心，切莫當真才好。

——浮士德　II

要有苦勞，然後才有幸運，

愚人們卻全然不知情況，

假使他們得到了賢人的寶石，

寶石一到手，便把賢人失掉了。

——浮士德　II

凡事不能克制自己內心的人，

總想以他驕慢的心去支配隣人。

——浮士德　II

女人習慣於男子的愛情

雖然無所選擇，
但能辨別分明。
　　——浮士德　II

醜女和美人在一起，醜陋更加顯著。
愚人和智者在一起，愚昧更加突出。
　　　　——浮士德　II

必須出自自己的內心，
然後才能讓人感動！
　　——浮士德　II

波浪自身是毫不生產，
還到處傳佈不生產的性質；
它膨脹、擴大、流動，把荒涼的海岸，
捲成了令人不能忍耐的一片。
專橫凶暴地一波又一波地捲來，
捲來又自捲去，
到底留下什麼足以使我驚駭、
奔放不羈的原素，無目標的力量呵！
我要策勵我的精神，自行超越；
我要奮鬥，我要克服這種專橫。
　　　　——浮士德　II

我要的是權勢與權力！

行為是一切，名聲是虛幻

——浮士德　II

利己主義者只顧著自己的利益，

不顧感激與友情，義務與名譽

你們不會想想，等到作孽過甚，

隣家的大火就會燒毀你們自己。

——浮士德　II

男兒須自立！

想要王位和皇冠的人，

就要顯示出他的本領。

——浮士德　II

公正的善行會有酬報，

請你把眼睛向上仰望。

——浮士德　II

拿出勇氣來！

勝敗還未確定，

最後的關頭還須要妙計和忍耐。

——浮士德　II

從初生到送終，

儼然好像叮叮咚咚，
人的一生，只是一場夢。
　　——浮士德　II

頑固與抗命，
會萎縮了高貴的經營，
在這深刻劇烈的痛苦中，
公正的意圖也因此而委靡。
　　——浮士德　II

當我年輕健康時，也愛過女郎，
現在回想，似乎有趣歡暢，
熱鬧有趣的地方，我總是喜歡逛逛，
可是歲月不饒人，只好拿著拐杖，
我跌倒在墓前，墓門恰好打開。
　　——浮士德　II

美好的花兒，歡欣的火焰，
有情成眷屬，為樂不厭多，隨心所欲。
真理的話語，如同證明的大氣，
像神仙伴侶，成為永恆春日。
　　——浮士德　II

憂愁說，誰若被我佔有，

世界就會化為烏有。
　　——浮士德　II

凡是不屬於你們的東西，必須迴避，
擾亂你們心思的東西，不可容許，
頑強地襲來的，必須奮勇抵抗。
只有愛人的人，將愛導引而來。
　　——浮士德　II

變化無常的一切，只是一些虛影而已；
不能達成的願望，在這裏已經實現；
不可名狀的奇事，在這裏已經存在，
永恆的女性，領導我們高昇。
　——浮士德　II

沒有快樂，能使他得意，
沒有幸福，能使他滿足，
他只顧追逐變換的物景；
連最後的空虛惡劣的瞬間，
這可憐的人也想把它抓住。
　　——浮士德　II

第三部

歌德年代性語錄

神明置身於永恆的光，

把我們放在黑暗地窖，
你們人呢，是光明與黑暗的交錯。

——浮士德　I

〈青春時代〉

雖然滿心喜悅地沈浸在療養客繁多的溫泉地中，

我仍然沒有忘記妳。

藉著這封簡短的信，

讓我告訴妳一些我的經驗好嗎？

這裡有蛇喲……

我來這裡以後，已經打死了四條蛇。

是今天，而且是今天早上的事哦！

我跟兩、三個溫泉療養客在台地上時，

草叢中就來了一條蛇。

牠用閃閃發光的眼睛瞪著我，

尖尖的舌頭一吐一吐地，

豎起牠的頭，漸漸靠近我們。

於是，我隨身抓起一顆石頭丟向牠。

石頭可能打中牠了，

牠慌慌張張地轉身就逃。

我急忙跳下去追趕牠，

終於在移開大石頭後，

在大石頭的後面找到了牠。

大石頭已經壓死了那條被我打中的蛇。

我們把這條被征服的蛇抓起來一看，

牠頂多才二尺長而已。

——少年時從威斯帕汀寫給妹妹葛莉亞的信

時間要好好利用，

時間過得如此迅速，

不過，有規律就不會荒廢時間。

——浮士德 I

儘管我的信拖了很久才到妳手中，

但千萬不要懷疑我對妳的愛情。

就像在流水底下永遠不動的岩石般，

我愛妳的心永遠不會稍減。

——萊比錫時代詩作《獻給母親》

我的喜悅，

已遠離人群獨自（在溪邊的草叢裡）想念親人。

——從萊比錫寄給故鄉的朋友

當我看到展出在托勒斯汀畫廊中的拉斐爾作品時，

對我而言，

就好像花了一天爬上葛特哈爾得的高處，

又穿過烏爾傑倫的洞穴，

突然看見了花開遍地的烏爾傑倫一樣。

我看過它，

再看其它作品，

它總是像幻影一樣，

出現在我的靈魂之前。

——克內貝爾

誠實的朋友，

一切的理論是灰色的，
只有人生的金樹卻是綠的。
——浮士德　I

肉體雖然復原了，
靈魂卻尚未痊癒。
而存在於平靜之休息中的，
絕對不是幸福。
——從故鄉寄給萊比錫的情人凱蒂

在我的老師之中，
認為我是可造之才而不斷鼓勵我的，
實際上只有老師您一個人。
您用全然的斥責與全然的讚賞代替了貶損有才能的學生。
您斥責之後的鼓舞，
對學生而言，
無疑是雨後的陽光。
——從故鄉寄給萊比錫的艾爾老師

我現在只想高呼自然，自然！
實際上，像莎士比亞這類人物，
並不屬於自然的範圍……
他與普洛美多斯競相為人類造形，
但他筆下的人物比普洛美多斯筆下的人物偉大得太多了。
——史特拉斯堡時代的感想

只要老闆還肯賒欠，

只要不頭痛，他們都快活似神仙。

——浮士德　I

　　　　　　　　　　後天是我的生日。

　　　　如果從這一天開始展開一個新的時期，

　　　　　　　　　　　　是有些困難。

　　　　　　　　　希望您能為了我，

　　　　跟我一起把這一切視為理所當然……

　　　　　　　　　我非常喜歡法律……

　　　　但是，化學還是我至今不變的愛人。

　　——從史特拉斯堡寄給故鄉的克莉汀貝小姐

生氣，不在人類允許的範圍內。

——葛滋

・**歌德畫像**

<tbody>
<tr>
<td>206　與浮士德乾杯 歌德</td>
</tr>
</tbody>

我發現世界上再沒有，

比絕望的惡魔更令人乏味的東西。

——浮士德　I

離開神與自然的行動是困難而危險的。

因為我們只能經由自然而認識神。

所以，我們必然屬於神的本質之中。

神是唯一存在的。

——史特拉斯堡時代的感想

看見所愛的人時，

最單純的喜悅就是——

看見她也受到他人的喜愛。

——與弗萊德莉克見面時的感想

難道你沒有看到神嗎？

不管是在平靜的泉水邊，

或是花開的樹下，

神都滿懷溫暖的愛歡迎我，

而且任我為所欲為。

我接近神的時候，

心中的感覺就如同神為我開闊心胸，

並除去我心中堅固的防禦。

——馬赫美特

我一輩子也不想愛人，
免得死時這樣的悲傷。
——浮士德　I

凱斯多納先生，當你收到這封信時，

他已離開此地了。

請轉交夏綠蒂另外一封信。

與你們談話之後，

我已經徹底覺悟。

現在什麼都不必說了。

如果還欠你們什麼東西，

那就是我並沒有克制我自己的感情。

明天我將一個人重新出發。

啊——我真是可憐！

——離開威滋拉時寄給凱斯多納的信

啊！我知道的事，

每個人都可以知道……

但是，我的心只屬於我一個人所有。

——少年維特的煩惱

我只不過是這個世上的一個族人，

只能來這世上走一遭。

你們難道比我更行嗎？

——少年維特的煩惱

女人總是很關心，

會問你信不信教。

大約只要信教，那就一定可靠。

——浮士德　Ⅰ

我不是把它完全打破弄碎了嗎？

讓我丟了它吧！

我的事情就隨我自己命運的安排吧！

——舒提拉

死了嗎？

瑪莉死了嗎？

這個只為人燃燒的蠟燭！

這個可悲的參葬者！

這一切都是魔法的啞劇、夜的幻影。

這一切只為了嚇唬我們，

使我們認為這一切都不是因為我們的背信行為所造成……

我的確嚇到了！

我的心中布滿恐懼的陰影。

不行！

你不能就這樣死了。

我也要陪你死！

——克拉威歌

感情便是一切，

名稱只是燃燒著天火的煙霧和聲音。

——浮士德　I

親愛的莉莉啊！

如果我不愛妳，

那麼像這樣觀賞美景，

將會是一件賞心悅目的事。

但是莉莉啊！

如果我不愛妳，

我還有心情觀賞美景嗎？

——詩‧上山

〈壯年時代〉

我在被稱為下層階級的階層中感覺到至高無上的愛，

而這的確是神的最高階級。

那裡集合了所有的美德，

侷限、知足、率直、忠實、

單純的喜悅、無邪念、忍耐、堅忍……

這些都在在令我感嘆不已。

——視察伊爾美納礦山時的感想

剎那的快樂不能持久，

必定變成膽汁和敗醋！

—— 浮士德　II

所有平靜的心都輕輕地睡了，

我懷著這兩個星期以來第一次雀躍的心情，

幸福地起床，

一面向美麗的太陽打招呼，

一面向天上的天使致上我滿心的感謝……

你是所有女人中的唯一，

請妳賜給我妳的愛情，

那將會帶給我無限的幸福。

—— 給絲坦夫人

如果世界變大，就如滑稽劇也變醜陋了。

—— 給絲坦夫人，談隨侍貝爾林大公時的感想

哦——

羅馬城啊！

你的特質如同耶穌的出生地伯利恆。

廣大並不足以形容你，

你的精神才是真正偉大之處。

—— 詩集

疑懼和希望，

人間最大的兩個仇人。

——浮士德　II

非出於利己的善意行為，

會帶來最高最美的利息。

——威廉‧麥斯特

我每天固定的工作如果能如期完成，

就是最大的幸福。

請幫助我在中途不要發生任何意外。

不能說它只是個空虛的夢，

現在這顆沒有枝葉的樹苗，

總有一天會結果，

會成為一片樹蔭。

——詩集

他從小就尊敬父親的嚴格教訓。

父親在他自由的少年時代，

即使嚴峻地命令他做再苦的工作，

兒子也都高興地服從命令。

替沒有家的孤兒多做一點事，

是父親在他幼小的心靈中灌輸的思想。

他所做過的善事，可說是無以計數。

——詩集

法律固然權威，

災難將更有效。

——浮士德　II

只能自由地呼吸，

還不能真正地稱為人生。

無益的人生還不如早點死了好。

——伊凡歌尼

工作的壓力是心裡視為理所當然的事。

只要卸下這個重擔，

內心就能自由地發展，

並享受生活的樂趣。

整天無所事事、優閒逍遙的人不能算是悲慘，

但這種人會感到所有美麗的天分都是可厭之物。

——日記

不少人懂得認識自然，

並進一步利用自然。

但他們經常在認識與真實中組織各種事物，

完成一種虛偽的假想，

而忘記了真正去利用這個對象。

——箴言與省察

玩笑開得太不像話，

只有禽獸才會喜歡。

——浮士德　II

科學中有許多確實的東西。

但是，必須在不為例外擾亂，

並真正了解尊重問題的條件下才能成立。

——箴言與省察

當我自己觀察自然界中的大小事物時，

經常遇到一個問題。

在這裡必須表白的是，

這個問題通常是對象或是我自己。

——箴言與省察

· 歌德的素描作品

同傻瓜結伴，

連惡魔也要倒楣。

——浮士德　II

人旅行不是為了到達目的地，

而是為了真正的旅行。

——箴言與省察

從我踏進羅馬的那一天開始，

可算是我第二個生日，

真正的生日。

——在羅馬的感想

我正過著新的青春生活。

——在羅馬的感想

我在這裡（義大利）才了解這兩個無條件大寫的人名。

他們是布拉提與拉斐爾。

他們一點也不固執己見。

他們了解藝術最高的境界與法則，

並且能在這個範圍內輕快地活動著。

這些都是他們偉大的表徵。

——在羅馬的感想

在我們德國，

說話很有禮貌就是招謠。

——浮士德　II

誰能了解自己、了解自己的能力呢？

勇者不會企圖去做大膽的事嗎？

你所做的事是害、是利？

要等到明天才能下斷語。

——詩集

你的責難縱然曾於瞬間在我身上造成傷害，

但是，如果妳肯聽我解釋，

我會告訴妳——

它們不曾在我心中留下厭惡與怨恨。

——給絲坦夫人

經過三千年或更久的歲月，

當我一邊模倣著由時代變遷

所產生的極多樣且根本的變化，

一面熟視著依然如昔的山河、圓柱、圍壁，

甚至一般平民都保存著的民風時，

我們已經成為規畫命運的偉大參謀之一。

——在羅馬的感想‧給赫爾德

偉大的計劃，

最初看起來總像是愚蠢。

——浮士德　II

就像受到眼睛看不見的精靈鞭打一般，

被稱為時間的馬兒

正拉著象徵人類之命運的輕巧馬車疾駛。

對我們而言，

除了平心靜氣、精神飽滿地握著手中的韁繩，

一邊或左或右地控制馬車，

碰到石頭就閃，

遇到懸崖就躲之外，

什麼也不能做。

誰能知道馬車的目的地呢？

我們根本連自己來自何方都不知道。

——艾格蒙

如果連瞑想與作詩都辦不到，

我就失去生存的意義。

蠶一邊吐絲，

一邊慢慢地接近死亡，

牠們仍毫不畏懼地繼續吐絲。

——塔索

葡萄汁最初縱然是澀口，

到頭來終究要變成美酒。

——浮士德　II

從古人的墓場吹來的風，

包含著如同越過玫瑰山丘般的芳香。

——在羅馬的感想

我是一個獨立的個體。

至於為什麼我的命運

要將我編進國家政務或公爵的家族中，

我也不清楚。

——給絲坦夫人

探望母親大人，

看見她一副健康及滿足的樣子。

朋友們也都非常親切地歡迎我。

在此地可以看見各種東西，

所以這幾天，

一點屬於自己的時間都沒有。

——給威瑪的妻子克莉斯汀娜

人都會懷念失掉的東西，

住慣的地方總以為與天國無異。

——浮士德　Ⅱ

萬一我發生意外，

請妥善照顧我的作品。

在我看來，這裡沒有一絲一毫圍攻的準備。

封鎖可能會拖上一段相當長的時間。

地形對法軍相當有利，

而他們攻擊性的防禦更令人感到危險。

——給威瑪的妻子克莉斯汀娜

・羅馬郊外的歌德（繪畫）

人在求愛的時候，

甚至會歡迎邪魔惡鬼。

——浮士德　II

> 今天將從這裡開始世界歷史的一個新時期，
>
> 你們可大力參與。
>
> ——瓦米會戰後致各官兵

與您的談話帶給我何種影響？

這是我從那天以來一直思考的問題。

對於從未獲得任何鼓舞的言詞

而能穩住自己腳步的我而言，

在這次見面後，

對於我們今後相互提攜的建議感到無限滿足，

並且對於您即時的教誨感到非常高興。

我能體會想實踐所有事情時的誠實，

及尊重您非常罕見的認真。

現在我希望您能允許我

熟悉您督促自身之精神的方法的要求。

如果我們能永遠互相表明自己的成功法則，

應該可以永不間斷地一起工作。

——與席勒見面後不久，給席勒的信

古錢的價值，在於生銹。
—— 浮士德　II

把你們關在一棟房子或一間房屋中，

其無聊或許會使你們難以互相寬容對方吧？

所以，對那些鼓勵你們，

從來不想從你們身上奪走任何東西的人而言，

他們再也不能客氣且理性地鼓勵你們了！

同樣地，你們的心就像世界的變故、

雷雨及其它自然現象一樣，

只是盲目地起伏著，

而不知道其原因何在。

—— 對德國難民的談話

一言以蔽之，

我之所以變成現在的我，

來自我從小心中模模糊糊的願望及計畫。

到現在，我還是抱持著這種想法。

—— 威廉‧麥斯特學習時代

我所使用過的所有美好的事物，

都是從造形美學中得來的。

—— 創作《赫爾曼與竇麗苔》時的意見

一個男人無論怎樣頑不從命，

在美女面前，都會低首屈服。

——浮士德　II

人類常常想做些不適合自己天分的事，

也企圖讓自己的手不去做事。

他內心的感情警告他打消這個念頭，

但他並不十分了解自己，

也不知道事情為什麼會變成那樣，

只能經由錯誤的道路奔馳至錯誤的目的地……

事實上，

許多人都是這樣浪費了他們一生中最美好的一部分，

最後讓自己陷入不可思議的憂鬱中。

但是，在錯誤的道路上，

還是可能到達無價之善的境界。

這些都將在「威廉・麥斯特」中開始明朗化，

並得到證實。

——記錄在《年代記》中，關於《麥斯特》的意見

只有具判斷力的人才能抓住正確的道路。

在面臨選擇時，

不知所措、心情混亂，

只會徒增其危險性。

——赫爾曼與賓麗苔

在主婦面前，

誰罵了她的侍女，誰便冒犯了她的威望。

——浮士德　II

當人類用敏銳新鮮的感覺，

密切地注意各種對象時，

他們在精通於觀察的同時，

也傾心於這種行為。

我熱中於研究光與顏色的學說。

由於這種研究，

使我能與狠心不關心這些研究的人

共同討論能引起我興趣的事，

才使我漸漸地認清我自己。

——以主體與客體為媒介的實驗

・威瑪宮殿

美貌與醜，總不能攜手，

於是分道揚鑣，越走越遠……

——浮士德　Ⅱ

小事並不能直接反映在觀察未來各種事物的眼裡。

——伊凡歌尼

從自己的錯誤中解脫出來非常困難。

這對於具有偉大之精神與才能的人，

也經常是不可能辦到的事。

接受別人的錯誤，

而且一味地固執己見的人，

恰恰顯示出他缺乏動力的事實。

錯誤本身的頑固令人生氣，

錯誤之模倣者的固執更令人不愉快。

——色彩學

年輕人還不了解笑與哭，

但他們絕不會忘記感激的興奮心情，

並讓心裡的興奮喜形於色。

能控制自身之情緒的人，

不管擁有什麼，都不會滿足。

但這種人已經得到充分的喜悅了。

——浮士德·舞台的前戲

美人不能分享，只許獨佔，

如果被人分享，寧可拋棄。

——浮士德　II

被冬霜包圍時，
花蕊能繼續含苞就很滿足了。
現在，春的氣息溫暖地吹著大地，洋溢著活力，
接受了光與風的洗禮，
花兒在一剎那間全開了。

——庶出之女

今天，我長久以來的決心已臻成熟。
我想在民法及我妻子的名義下，
承認幫我完成許多事，
陪我度過這些試驗時期的可愛女友們。

——致威瑪的最高宗教監督

自然在韋恩歌爾曼的心中給與祂創造人類、
修飾人類的能力。
而對於自然所賜與祂的能力，
祂也奉獻出祂全部的生涯，
以追求適合祂的東西。
完美的東西、有品味的東西，
特別是與人類淵源頗深的藝術。

——韋恩歌爾曼與其世紀

沒有碉堡，沒有城牆，

每個人都只靠意志來保障。

──浮士德　II

突然，他了解了深峻的言詞，

雖然他已接近苦惱、死亡的邊緣。

雖曾漸漸痊癒，

但現在他還是死了，

這件恐怖的事，

至今還是令人不寒而慄。

但是，他淨化的存在一定會由天而返，

來看地上的淨化。

至今，世人對他的控訴、責難，

也及時因他的死而備受讚揚。

──席勒〈鐘之歌〉的結尾

我不是才開始愛，

而是一直在愛。

我從以前到現在，

一直把她放在我的心裡；

雖然因此而忘卻了賢明，

但我已長驅直入她的內心。

──出自索尼特〈時期〉從米娜十歲時就認識她

看見南歸的白鶴飛向故鄉，

人總想飛翔到更高處，這是人的天性。

——浮士德　I

現在任何一個身分地位崇高的人，
都不會像這樣迎接我。
他對我特別信賴，
並承認我的價值，
而且清楚地表示我的存在非常適合他。

——與拿破崙見面後，寄給可特的信

任何人只要擁有感動自己、
喜悅、有益思考、自由等各種事物，
都是一件好事。
但是，人類研究的真正對象，
說穿了還是人類。

——親和力

能在愛人的身旁安睡，
是當我們在思考這個世上的生活之後，
最快樂的空想。
所謂「歡迎光臨」，
真是感慨良多的表現。

——親和力

母親不願我離鄉背井，

但我總要為自己的前程著想。

——浮士德　Ｉ

〈老年時代〉

這不能稱為獨立的作品，

只能算是填滿作者生活上的空洞、補足各種片段，

並且紀念已逝去的往事。

——詩與真實

把德國國民與他國國民相比較，

就會使我們心中升起悲痛的情感。

我為了掙脫這種情感，

曾經做過各種嘗試，

最後終於在學問與藝術中找到高飛的翅膀。

人可以藉著這翅膀飛越那悲痛的情感。

因為學問與藝術是屬於世界性的東西，

在這個前提之下，

國民性的境界早已消失無蹤。

但是，學問與藝術所帶來的慰藉只是單純的慰藉，

並不足以補足屬於強大、受尊敬，

及恐懼的國民原有備受讚譽的潛意識……

德國國民將約束未來。

——一八一三年，與葉那大學的歷史學教授魯汀的對話

法律和制度好像惡病傳染，

從前代遺傳到後代，從此處向彼處蔓延。

——浮士德　I

鍛鍊構想以完成目標時，

藝術家還是一個人獨處較好。

但是，為了享受這個效果，

還是不要猶豫，盡快集合為佳。

在那裡看過所有人之後，

就會看見並了解自己的生涯。

所以長年經營的結果，通常在鄰人身上大放光明。

——藝術家之歌

・歌德書房

迷惘，請解放諸人之眼障！

—— 浮士德　I

威瑪與葉那這兩個地方，
雖然在很早以前，
布洛西亞就想得手並加以破壞，
但它們仍然是神所眷戀與保有的土地。

—— 給澤爾特

在夜半夢迴中，
突然看見月光。
但一覺醒來，出乎意料地，
早晨的太陽已爬上天際。

—— 西東詩集

想穿過灰暗的雲層大展光芒，
再怎麼試也沒有用的，太陽！
我生命中所有的收穫，
都因失去她而哭泣。

—— 悲妻子克莉斯汀娜之死

惡魔既是在這兒，

天使必然是存在的。

——浮士德　I

　　　　　　　　生於此世者，都會建立一個家庭。

　　　　　　　他死了，就把家傳給下一個繼承者。

　　　　　但是，這個繼承者會以其它方法重新改造這個家，

　　　　　　　所以誰都不是這個家的最後一個改造者。

　　　　　　　　　　水銀柱一開始下降，

　　　　　　　　　就開始降雨、下雪。

　　　　　　　　所以當水銀柱一開始上升，

　　　　　　　　　　就會出現藍天。

　　　　　　　喜悅與悲哀的意外之兆的升降起伏，

　　　　　　　　　也會在愛人者心裡、

　　　　　　　　狹窄的度量中，立刻感受到。

　　　　　　　　　　　——詩・烏利歌

太陽還沒下山，

趕緊工作啊！

不要因此而滿足。

不久之後，

每個人都無法工作了！

因為夜已來臨。

——西東詩集

慢慢贏得她的芳心，

那種樂趣才是其味無比。

——浮士德　I

今天的心情真是難以形容！

快樂，明朗，

但充滿青春之血的青年們

卻又那般瘋狂地憂鬱。

然而，像我這般老態龍鍾的人，

今日的心情又出乎尋常地愉快。

我想念年少的日子，

我願時光倒流。

——五十歲的男子

淚水啊，不要停止，盡情地哭吧！

但是，這樣也不能消滅心中之火。

生與死悲慘地扭成一團，

在我心中激烈地撕扯著。

即使有平靜肉體之痛的草藥，

也無法彌補精神上決意與毅力的缺乏。

——馬倫巴的悲歌

從這個兒子出門開始，我就死心了。

——給通報兒子死訊的席勒

請你把心放鬆，

只消一步，你便自由了。

——浮士德　I

拜倫，

因為他具有英國貴族的高等身分，

所以造成了許多損失。

每個有才能的人，

周圍必定有一些煩人的事物，

更何況是身分這麼高、這麼富有的人呢？

中產階級出身的人，

通常比較適合有才能者。

所以，美術家、詩人、賢者，

全都是中產階級出身。

拜倫如果身分低些、財富少些，

或許在憧憬這般無限的學問時，

不會造成危險。

但是，即使再反覆無常的人，

還是擁有實行的決心，

所以後來也就捲入糾紛之中。

——艾克曼・與歌德的對話

想要讓分離的肩骨擔負什麼，別人也不會多問，

但是，一旦瘦小又起水泡的手足也分開了，

你就必須被橫放著了。

——看見席勒的頭蓋骨

人人都選擇最好的東西，

我卻情願要這美麗的殘花。
——浮士德 II

這本書（《威廉·麥斯特遍歷時代》）宛如人生。

在全體復合中，

存在著必然與偶然、決定與未決定、成功與無益。

所以這本書中並不包含理智與理性的言詞，

而是包含一種無限。

——洛赫利滋

·歌德書庫（在書房隔壁）

這個比喻象徵全部即將毀滅的東西。

得不到的東西在這裡可以實現，

固執的東西也可以在這裡得到完成。

——給通報兒子死訊的席勒

死亡的悽慘姿態，

賢者不懼，也不會成為信者的最終結局。

它教導了前者重生時的活動，

更鼓舞後者並給予他來世祝福的希望。

對兩者而言，死就是生。

——在放置遺骸房間的入口大門，黑布上用銀字

　　寫著：出自《赫爾曼與竇麗苔》的日子

歌德與浮士德

菲力普・威南

　　歌德在世八十三寒暑中，「浮士德」的形象整整盤據了他的心頭六十年，這段漫長的時間恰等於他全部的創作生涯。《浮士德》第一卷是他的傑作，二十歲開始起草，五十一歲定稿（一八○一年），其中只有少許詩行是作者不滿意的。第二卷迄今仍有部分尚未剪裁，這一點我們姑且不談；就全卷來說，它內涵複雜、富於理想色彩，並以自己一直以來所追求的活潑與熱忱，克服了第一卷中良心與愛情的衝突。至於第一卷，則由於智慧與熱情的巧妙結合而成為曠世巨著，也使歌德一躍而成為世界性的大詩人。

　　過份把一個偉大的作家偶像化，對作家本身常常會造成莫須有的傷害。以歌德而言，由於崇拜者熱心的攢探，反而會侵犯他的隱私；何況，偶像周圍的煙霧並不能代表他的作品。歌德確然是位不世出的英才，他跨越了好幾個世紀，和荷馬、但丁、莎士比亞遙相呼應；由於年代的湮隔，後三者的生活反而能免於被人作過分的攢探。歌德太活潑了，他既是大詩人，又是望重一時的國務院大臣、戲

劇導演、批評家和科學家，多采多姿的活動使人們目眩神搖，不易看清他豐饒崇高的文學面貌。而聲名所及，動見觀瞻，使他任何生活隱私都無從保留；湯瑪斯・曼就說過，「黃口小兒也能道出他與嬌娃之類的風流韻事。」

　　更難得的還是，他能從茶餘酒後的閑談之中，談出不朽的大道理。晚年之際，歌德已經陶養出一種莊嚴不凡的氣質，使自己能夠超脫世俗。歌德去世已經一百多年了，今天看來，他並不完美，他的為人溫和而熱情，帶有一點羞怯，《浮士德》一書的風行，尤其使他開心。二十歲以後，他一面保持熱情，一面以精細又強烈的揶揄心態面對人生。

　　最早同樣以《浮士德》為書名的首版書印刷精良，問世於一五八七年，它是真人實事加上想像力的作品。就像第八章裏的巫師亞蒙一樣，浮士德是晚年在飛行示範中喪生的；浮士德這個名字早被一個魔術師用過兩次，他也因為做魔術實驗而於一五三七年死亡。

　　有趣的是，五十年後出版的浮士德故事竟以他為主角的名字，那本首次出版的書，歌德是不熟悉的，倒是馬羅讀過多遍，英文版未及行世，馬羅即下筆先寫，結果英國讀者反應非常熱烈。遠在十七世紀之初，德國戲劇界的經紀人多是英國演員一手承包，馬羅的《浮士德》也是。後來浮士德演變成啞劇，在當地的傀儡劇場上演；童年時代

的歌德就曾在法蘭克福看到這齣傀儡戲而入迷。

　　歌德注意到一五八七年的浮士德故事後，興趣愈來愈濃厚，對故事的主題也發表了不少見解，這些資料我們現在還很容易見到。正如我們一樣，在紛紜擾攘的時代裏，沒有信仰的人是難以忍受任何束縛的，大家都喜歡藉著知識以外的神祕力量的探索來滿足內心某種曖昧的渴望，少年歌德就常常為這份渴望所衝擊；這種啟蒙時代的懷疑和求知的精神，正是浮士德身上那種文藝復興的氣質。

　　十九歲時，在萊比錫求學的歌德因為負病而沮喪，返鄉後開始對冶金術和魔術發生好奇，同時受家中一位朋友客列登伯格宗教思想的薰陶，使他覺悟到生命過程裏有種種難以避免的罪惡；越過古代繁亂而殘忍的懲罰觀念，他潛下心來思考浮士德的命運問題，一俟自己終身信守的揶揄心態浮現，他的智慮便成熟了。一個意志堅強的大學生是有權利嘲弄那些腐儒的，浮士德第一次獨白、魔鬼與大一學生的對話都表明了這種觀點。

　　少年歌德也是以這份持久深沉的智慧來批評學究的迂腐無用；從魔鬼的口中，更道出了年輕人對世俗的渺視和挑戰。如果不是心存怨恨和挑撥，則浮士德的懷疑精神應是嚴肅而成熟的。

　　不管如何，我們不必認為歌德對浮士德與魔鬼之間的認同有什麼厚此薄彼的區分，真正了不起的其實只有一個，那就是創造他們兩位的造物者。歌德的筆法十分節

制，對各角色著墨不多，只想批評浮士德的妄自尊大——「我的名字叫做浮士德，浮士德就是一切」是何等叫人噁心的話，他忘了，比起造物者來，他又是何等的微不足道；更忘了，一個自大的人在追求瑪格麗特的真純時，已經對別人造成多大的侵犯，而這種侵犯就是罪惡。

浮士德對權力無止境的探求無疑會加速自己的崩潰，但就歌德本身看來，這種想要實現生命野心的狂逞自會受到另一股力量的抵制，這股力量來自生命內部，它是歌德所謂的「柔弱」的靜態思想。至於行動的必要性，理應屬於宗教，當浮士德熱中於研究聖約翰的名言時，是值得讚頌的；然而，依但他的心靈為魔鬼闖入而妄求一種不長進的舒泰時（他曾說「是否該請飛逝的光陰留步」），他才是該死的。梅菲斯特，這位專事引誘和否定的魔鬼畢竟沒有得逞；詩篇「遺言」中，有過這樣的一句宣告：「只有充實的事物才是真的」，這是歌德最堅貞的信念。

十九世紀的文人皆歡慶歌德為最有教誨力量的道德醫生。看看馬修茲·阿諾德（Matthew Arnold）的話：

他接受人類的痛苦，

他細看每一個傷痕，每一個清楚的缺點；

用他的指頭敲打著這個地方，

並且說：最令你苦惱的在此。

毫無疑問地，作為歌德生活化身的浮士德，只會提出多情善感的問題，而未擁有道德的訓誡。因為在浮士德身上，問題來自心裏，也來自好諷刺的機智，所探索的皆是生命的隱私，以及靈魂必須經由生命之道才能得到救贖。

歌德曾多方面虔誠地思考性愛這個問題，但他的心卻專注於宇宙的事物上，於浮士德尤其可見。偉大的心理學家強恩適時地，對像這種強迫一個人去設想：「對塵世的每一種關係，在本質上都是性關係」的當代理論提出抗議，且那些有意看輕，並以為瑪格麗特的愛情會有取代物的人，將接受經常研究浮士德的作家之警告。關於寓言，賴威斯不加思索地以為：在靈巧中存有少許詩的莊嚴氣氛，我們需要這份靈巧來分辨謎題。但歌德研究的是比謎題更大的東西，譬如他全部的生命和思想，以不屈不撓詢問，完全在這部作品中，以大膽的意象表達出來。

在此可為讀者接受的多是多樂西・沙耶所做的要點分析；在她給神曲的序文中提到：「寓言是藉著意象來解釋經驗，」又「一個偉大負有詩意的意象，比所有對它的解釋要好得多。」

在這種意念之下，雅各・布克哈德特寫信給他的一個學生：「凡是你確定要在浮士德這部書中發現的，你將必須以直覺去發現。浮士德是一個純正的杜撰故事，好比說，在一個重大的原始意象中，每一個人必須用他自己的方法去發現他的本體和命運。」能存有那種意念的注釋

者，以滿腹的興趣去研究，對我們有所助益。

　　必須感謝的是一個像喬治·威特克斯基一般的專家，由於他，我才能更了解歌德在他八十歲的日子裏，回顧以前的成就時，所用的誠心和謙恭的字眼：「這部作品所得到的讚賞，不論遠近，或許可以歸因於這種特質——那就是永久地關係著人類心靈的發展。人類心靈因有折磨人類的事物而苦惱，也為所有擾亂它的事物所驚嚇，而被所有覺得厭惡的事物所擊退，也因有所需求而快樂。作者目前遠離塵世，同時，他必須經歷某個範圍的奮鬥。儘管如此，人的狀況，不論悲喜，都保持著同一種表情。最近出現的作家，仍須尋找自己所熟悉的，所曾經享受過的和煎熬過的原因，為的是使自己適應於他處身的環境。」

　　人類精神感官將處身的環境，現在我們只觸到門檻而已，只有最偉大詩人的想像力才能登堂入室。但丁、米爾頓和歌德有這種最適於沉思的心靈，但我們應該記得的古詩人，當他們的宇宙意識，廣為懷疑主義所搖動時，他們不需要思想。歌德，一個無畏於生命，而又帶著諷刺、批評眼光過一生的人，在他書中最後幾場裏，創造出更動人和更令我們回憶的宗教狂喜。

歌德

簡略年譜

- **・一七四九年　　誕生**

八月二十八日，伴隨正午的鐘聲，歌德誕生於緬因河畔
的法蘭克福市。父親約翰‧卡斯帕爾三十九歲，母親卡
朵莉娜‧艾利莎貝爾十八歲，在結婚滿一年後生下歌
德。

- **・一七五○年　　一歲**

十二月，妹妹葛莉亞誕生。

- **・一七五四年　　五歲**

三月，祖母去世。祖母曾在前年聖誕節送給歌德一組戲
劇娃娃。

‧歌德之父

‧歌德之母

‧歌德誕生的家

- ・一七五七年　　八歲

  獻給外祖父母新年之詩。

- ・一七五九年　　十歲

  由於七年戰爭（一七五六～六三），法軍佔領法蘭克
  福，歌德的家也變成法軍軍政長官的宿舍。第一次看見
  法國的戲劇。

- ・一七六二年　　十三歲

  在生日當天，獻給父親自己創作的詩集。

- ・一七六三年　　十四歲

  二月，七年戰爭結束，法軍從法蘭克福撤退。與少女葛
  莉多芙相戀。

- ・一七六四年　　十五歲

  春，神聖羅馬帝國皇帝在法蘭克福舉行加冕儀式。

・十六歲的歌德

· 一七六五年　　十六歲

十月，進入萊比錫大學法律系。

· 一七六六年　　十七歲

春，與歌蒂韓‧謝可芙相戀。

◉作品：詩〈周遊基督教地獄的感想〉，詩集《阿尼特》。

· 一七六八年　　十九歲

春，參觀托勒斯汀畫廊，深受奧蘭大畫派風景畫的吸引，停留十二天。七月，嚴重發病並大量吐血。八月由萊比錫出發，九月返鄉。

◉作品：牧人劇《戀人的朝三暮四》、喜劇《同罪者》（返鄉後完成之作品）。

· 一七六九年認識的克莉汀貝

・一七六九年　　二十歲

春，病情終於好轉。與虔誠的教友克莉汀貝小姐交往，並接近虔敬主義。（有關這位小姐的生平，編列在《美麗靈魂的告白》的《麥斯特》小說中。）研究中世紀神祕主義。

◉作品：《萊比錫小曲集》出版。

・一七七〇年　　二十一歲

四月時進入史特拉斯堡大學，繼續攻讀法律。涉及多方面的知識，包括聽了為數眾多的有關醫學及自然科學方面的演講，自己也非常喜歡閱讀文學、美術、哲學方面的書籍，並讚美大聖堂。初夏，到薩爾、亞爾薩斯旅行。九月，巧遇前來此地的赫爾德。赫爾德是學識與想法都已達登峰造極的前輩，對歌德的未來產生極大的影響。十月，初次造訪附近的村莊——澤前瀚，並與牧師的女兒弗萊德莉克相戀。

・牧師之女弗萊德莉克

· 一七七一年　　二十二歲

屢次造訪澤前瀚。八月，完成法學系畢業考試，獲得學位。同月與弗萊德莉克分手，離開史特拉斯堡，參觀曼海老館後返鄉。不久便在故鄉開業當律師。十月，主辦莎士比亞紀念會，在會中朗讀〈呈莎士比亞日〉。

◉作品：處女作〈新歌〉（〈新歌〉在經過修改初稿二次後完成）。

· 一七七二年　　二十三歲

從五月到九月，在德威斯勒的帝國高等法院實習。認識了凱斯多納，愛上他的未婚妻夏綠蒂。由於三人間的糾葛，九月離開德威斯勒（此事件即為《少年維特的煩惱》之藍本）。途中曾拜訪住在可布蘭斯的拉·羅素夫人，並認識她的女兒瑪克喜米莉亞（後來成為法蘭克福商人布蘭坦的妻子），之後返鄉。

◉作品：論文《德國建築》，詩集《旅人暴風雨之歌》等抒情詩。

· 一七七三年　　二十四歲

春，沒有參加凱斯多納與夏綠蒂在德威斯勒舉行的婚禮（凱斯多納不久即搬到哈諾帕）。秋，妹妹葛莉亞與舒魯薩結婚，並離開法蘭克福。

◉作品：戲劇《鐵手葛斯·芬·貝利興根》（站在農民作亂的那一方反抗王侯的十六世紀自由騎士）、《馬福美》及《普洛美多斯》的片段，以及《沙丘羅斯》、

《普倫帝斯威禮倫的年市》、《牧師的信》、《聖經的兩個重要問題》等。

·一七七四年　　二十五歲

一月，與瑪克喜米莉亞·普蘭特諾訂婚。六月，拉瓦特（瑞士的神祕主義神學家、觀相學者）來訪。夏，與拉瓦特·巴傑德（跟隨盧梭的新教育提倡者）一起到下萊因旅行，並拜訪亞可畢（史賓諾沙的崇拜者）。十月，克洛布舒特來訪。十二月，在緬因茲首次拜謁威瑪大公卡爾·奧古斯特。同月，克莉汀貝小姐去世。

◉**作品**：小說《少年維特的煩惱》（由與夏綠蒂的戀愛、布蘭特諾家族的氣氛，與德威斯勒時代同事艾爾薩萊姆

的自殺，三方面交織而成的作品），悲劇《克拉威葛》（描寫拋棄愛人、不忠實的男人克拉威葛在絕望而死的愛人棺前，遭到愛人之兄審判之刀手刃而死的故事）、《永遠的猶太人》片段，詩〈德烈之王〉等。

·銀行家之女莉莉·謝內曼

- 一七七五年　　二十六歲

四月，與莉莉‧謝內曼（法蘭克福銀行家的女兒）定下婚約。五月，舒特貝爾堂兄弟（屬於「葛庭原」詩社）來訪，與他們到瑞士旅行，七月時回來。九月，下定決心，與莉莉解除婚約。十月，接受威瑪大公的聘請。十一月，到威瑪就職。不久就認識絲坦夫人。

◎作品：戲曲《舒提拉》（舒提拉是一個相繼拋棄普莉得莉與謝枝莉兩個女人的薄情男子。她們由於舒提拉的薄情，再加上自己意志力的薄弱而自殺，並殺死了舒提拉），詩〈新愛‧新生〉、〈莉莉的花園〉、〈貝林提〉、〈獵人德貝之歌〉等。

- 一七七六年　　二十七歲

三月，與威瑪大公一起去萊比錫。四月，獲得威瑪市市民權。六月，參與國政，並加入樞密會議，擔任參事

‧威瑪大公來訪

官。六月到七月，與威瑪大公去伊特美納，並計劃復興礦山。七月，接到莉莉結婚的消息。十月，到赫特擔任威瑪的宗教高等監督長（毛遂自薦）。十一月，可蘿娜·舒拉提爾（歌德向大公推薦，應聘而來的萊比錫女演員）到達。

◉**作品：**戲劇《兄妹》，詩〈漢斯·薩克斯的使命〉、〈旅人的夜歌〉、〈不停止的愛〉等。

・一七七七年　二十八歲

一月，妹妹葛莉亞去世。九月，與威瑪大公一起去威爾得堡。美路克（史特拉斯堡時代的朋友）來訪。冬，到哈路斯旅行，並攀登布魯肯山。

◉**作品：**一人劇《普洛傑畢納》，詩〈冬遊哈路斯〉、〈近月〉等等。

・一七七八年　二十九歲

五月，與威瑪大公一起到萊比錫、波士坦、貝爾林做政治訪問。夏，修築威瑪公園。

◉**作品：**詩〈漁夫〉、〈人類的界限〉等。

・一七七九年　三十歲

一月，被委任為軍事委員會與道路建設委員會的長官。三月，完成《塔利斯的伊凡歌尼》散文稿。四月，首次上演（可蘿娜·舒拉提爾飾演伊凡歌尼，歌德飾演奧雷斯特）。九月，擔任正樞密評議員。同月，與威瑪大公一起作第二次的瑞士之旅，並探望故鄉法蘭克福的雙

親，拜訪澤前瀚的弗萊德莉克，又造訪在史特拉斯堡已結婚的莉莉，並為莉莉一舉得子而高興。之後又相繼走訪巴塞、貝倫、舒內、夏摩尼（門布朗的山腳）、丘利、舒特茲哥爾、曼哈姆等地。

◉**作品**：《伊凡歌尼》散文稿，歌劇《葉利與貝得利》，詩〈水上的靈魂之歌〉等。

・一七八〇年　　三十一歲

一月，從瑞士旅行回來。同月，新建的威瑪劇場開演。二月，與威瑪大公到葛特。七月，在威瑪大公及葛特公子前朗讀《浮士德・初稿》。九月，到伊爾美納，並攀登奇開爾瀚（在小木屋裡寫成〈旅人的夜歌〉）。

◉**作品**：戲劇《鳥》（變成阿利斯特帕內斯）

・一七八一年　　三十二歲

春，與可蘿娜・舒拉提爾的交情日見加深。夏，從事伊爾美納礦的工作，並研究礦物學與解剖學。九月，經由萊比錫到迪薩旅行。

◉**作品**：歌劇《漁夫之女》，詩〈夜想〉、〈酒杯〉等。

・一七八二年　　三十三歲

五月，父親約翰・卡斯帕爾去世。六月，搬家到市內（從伊爾姆河畔的「庭園之家」搬到福樂布朗）。同月，受封貴族稱號，並接任財政局長官，同時從事地質學研究。

◉**作品**：詩〈獻身孤獨者……〉、〈魔王〉等。

．一七八三年　　三十四歲

威瑪世子誕生。秋，到哈路斯、葛庭原、卡歇爾旅行。

◉作品：詩〈歌者〉、〈含淚無法進食者……〉，歌劇片段《艾爾貝諾爾》，論文《自然》等。

．一七八四年　　三十五歲

二月，到伊爾美納（演講，再開礦山）。研究骨學，並發現人類的顎間骨。策畫集合諸侯對抗大國。八月至九月，到哈爾茲旅行，到普利斯、葉可畢。研究史賓諾沙。

◉作品：論文《顎間骨記事》、《花崗岩》，歌劇《諧謔・詭計・復辟》，詩〈君知……〉等。

．一七八五年　　三十六歲

研究植物學。六月，與克內貝爾（任職於威瑪宮庭，歌德之友）到菲提爾葛畢葛遊玩。七月，初次在溫泉地卡爾斯帕得停留。由於準備去義大利，開始學義大利語。

◉作品：《威廉・麥斯特的演劇使命》（《威廉・麥斯特學習時代》的初稿），詩〈憧憬者的鴻溝……〉等。

．一七八六年　　三十七歲

七月，拉懷特來訪。同月，到卡爾斯帕得慶祝八月的生日。九月三日，悄悄由卡爾斯帕得出發，經由布蘭內爾崖到義大利。其中經過多利安特、威洛那、威京茲、帕多亞、威內加、菲拉、波羅尼亞、菲蘭澤。十月進入羅馬，在朋友德國畫家提修伯家中居止。十二月完成《伊

凡歌尼》的韻文稿。

・一七八七年　　三十八歲

二月，與提修伯一起向拿波里出發。在登上威斯章山及參觀過龐貝城後，與克尼一起橫渡西西里島，並停留在巴爾的摩。環遊過卡特尼亞及美西後回航，在拿波里停留。六月回到羅馬。

◉**作品：**戲劇《伊凡歌尼》（纏繞伊凡歌尼家族的詛咒，由於伊凡歌尼的高尚志節與溫情而瓦解。是一部處理手法清澄的五幕作品）出版，戲劇《艾格蒙》（當西班牙的屬國歐蘭得發生宗教改革運動時，以描寫主人翁艾格蒙為這個自由運動犧牲為主題的五幕悲劇）、悲劇片段《納烏紀卡》等。

・一七八八年　　三十九歲

四月，由羅馬出發。經由法蘭茲、米拉諾、可莫湖，六月回到威瑪。七月，巧遇克莉斯汀娜・烏爾畢斯，並請他回家小住。八月，威瑪公姆堂娜・阿瑪利亞去義大利。九月，在蘭葛菲特家，初次與席勒見面。十二月，聘請席勒為葉那大學的歷史學教授。

◉**作品：**將義大利的記事發表於《梅爾庫爾》雜誌，詩〈海的寂靜〉等。

・一七八九年　　四十歲

春，絲坦夫人得知歌德與克莉斯汀娜的戀情而憤怒。六月，寫給絲坦夫人最後一封信，並終於與夫人斷絕關

係。八月，《塔索》完成。十二月，長子奧葛斯特誕生。

· 一七九〇年　　四十一歲

擔任有關學問、藝術諸官衙的監督。

研究色彩學、植物學、解剖學。三月，第二次去義大利旅行，經威洛那到威內加。由於預定見面的威瑪公姆遲到，所以在威內家停留將近八星期。後來，為了自然科學的研究，遂往利得海濱。六月，回威瑪。七月到十月，跟隨威瑪大公出征到西里西亞。十月，到葉那訪問席勒。

◉**作品：** 戲劇《塔索》（透過詩人塔索，表達人類靈魂深處之苦悶的五幕作品。作品中將菲拉宮庭與威瑪宮廷詩人塔索與歌德，公主蕾歐諾莉與絲坦夫人，緊密地結合在一起）發行。《浮士德·片段》，詩〈羅馬哀歌〉、〈威加內短詩〉，論文《植物的變形論》等等。

· 一七九一年　　四十二歲

一月，被任命為威瑪宮廷劇場的監督。三月，在這個劇場首次演出《艾格蒙》。六月，接到梅爾克的死訊。進行光學的研究。

◉**作品：** 戲劇《大可福特》（處理法國宮廷中項鍊巷事件的喜劇）。

· 一七九二年　　四十三歲

八月，由於德法戰爭，與威瑪大公的普洛西亞軍出征，

途中順道探訪故鄉的母親（隔了十三年）。而後到達狼威大公的陣營。九月，在瓦路米附近遭遇兩軍會戰。十月，緬因茲與法蘭克福被法軍佔領。同月，拜訪葉可軍。十二月，回威瑪。出征時研究色彩學，並研讀康德哲學。

◉**作品**：小說片段《美葛布拉翁諸子之旅》。

・**一七九三年　　四十四歲**

五月，由於戰局轉變，為了參加圍攻緬因茲，再度出發。途中再訪故鄉老母，而後加入威瑪大公的陣營。陣中不忘研究色彩學。七月，緬因茲開城。八月返德國。

◉**作品**：敘事詩《萊納克之狐》，喜劇《市民將軍》，政

・**歌德的好友席勒**

治性戲劇《激昂的人們》等。（這些作品都受到法國大革命的刺激而完成）

· 一七九四年　　四十五歲

為外交煞費苦心。研究化學。在葉那組織自然研究協會。六月，約定執筆席勒的《傾聽》雜誌。七月，在葉那的自然科學學會後，與席勒的友情成為不容置疑的真摯情感。九月，席勒來威瑪，接受歌德的招待，在歌德的家滯留兩星期。此後歌德也經常到葉那。

◉作品：《威廉‧麥斯特學習時代》完成第一卷到第三卷。投稿《傾聽》。

· 一七九五年　　四十六歲

一月，《傾聽》首次出刊。三月到五月，停留在葉那。認識亞歷山大‧芬‧凡波爾德。七月到八月，在卡爾斯帕得修養。帶兒子奧葛斯特到伊爾美納。

◉作品：小說《德國難民的談話》、《普洛美斯的解放》片段，論文《文學上的暴力主義》等。

· 一七九六年　　四十七歲

一月，翻譯居里尼（十六世紀義大利雕刻家、文學家）的自傳。五月，科魯那來訪。夏，約翰‧鮑爾來訪。八月到十月，滯留在葉那。十二月，與威瑪大公到萊比錫、提薩。

◉作品：小說《威廉‧麥斯特學習時代》（將《威廉‧麥斯特的演劇使命》拆解，重新構思完成的近代偉大小

說）完結。詩〈亞里克西斯與朵拉〉，諷刺詩集《克社寧》等。

・一七九七年　　四十八歲

與席勒討論敘事詩及戲曲的往返書信頻繁。七月，帶妻子回鄉探望母親（這次是最後一次見面。八月到十一月，三度到瑞士旅行。在丘利與麥亞見面，一起登上哥魯哈爾德，並在紐倫堡與克寧貝爾見面。

◉作品：敘事詩《赫爾曼與寶麗苔》（描寫德國市民生活讚美歌中的戀愛敘事詩），故事詩〈挖寶〉、〈可林特的新娘〉、〈神與遊女〉、〈魔法使者的弟子〉等。

・一七九八年　　四十九歲

春，從事色彩學及歷史的研究，繼續《浮士德》的創作。秋，新裝修的劇場首演席勒的《瓦倫舒坦的陣營》。

◉作品：《浮士德》中的〈舞台的前戲〉、〈天上的序曲〉、〈瓦爾布魯吉斯之夜〉，詩〈拔奇斯的預言〉等。

・一七九九年　　五十歲

春天及秋天，經常往來於葉那與威瑪間。迪克、諾利斯、福林特利，舒來葛來訪。妹婿舒洛薩去世。十二月，席勒移居威瑪。

◉作品：敘事詩片段《阿雷斯》，詩〈繆斯之子〉等。

- 一八〇〇年　　五十一歲

一月，《馬赫美德》上演。四、五月，與威瑪大公到萊比錫。六月，席勒的《瑪莉亞·舒特阿爾德》上演。這一年也常去葉那，並翻譯威爾提爾的《坦克雷得》。

◉作品：《普洛皮雷恩》，戲劇《巴雷爾布朗與尼爾得貝》，詩〈譬喻〉、〈梭尼特〉等等。

- 一八〇一年　　五十二歲

一月，罹患顏面丹毒，一時之間病態嚴重。夏，與兒子到軍爾門做病後修養。秋，上演雷辛格的《賢者納坦》。

◉作品：《浮士德》中的〈市門之外〉、〈瓦爾布魯吉斯之夜〉，詩〈早到之春〉等。

·在葉那認識的米娜

・一八〇二年　　五十三歲

前半年幾乎都滯留在葉那。五月，韻文劇《伊凡歌尼》上演。八月，可羅娜・舒拉提斯去逝。海利・芬・克萊斯特來訪。

◉**作品**：詩〈自我欺騙〉、〈幸福的夫婦〉等。

・一八〇三年　　五十四歲

四月，在葉那與店家福洛曼家日益親近，並認識其養女米娜・赫爾絲利普（小說《親和力》中奧蒂莉的化身）。席勒的《美西那的新娘》、《奧瑞安的少女》上演。利馬到威瑪擔任歌德之子奧葛斯特的家庭教師。年尾，斯塔爾夫人（法國文學家，《論德國》的作者）來訪。赫爾德去世。

・克莉斯汀娜・烏爾畢斯
　（歌德素描）

◎作品：悲劇《庶出之女》，詩〈淚中的安慰〉等。

・一八○四年　　五十五歲

常與絲坦夫人見面。九月，擔任樞密顧問。席勒的《威廉‧麥斯特》上演。舞台形式的《葛斯》上演。

◎作品：翻譯狄德洛的《拉摩之甥》，評論《韋恩歌爾曼與其世紀》等。

・一八○五年　　五十六歲

一月以來，因腎臟疝痛而生病。席勒也病了。五月一日，最後一次與席勒見面。五月九日，席勒去世。歌德接近病癒。夏天時去勞舒提德、馬克德堡。

◎作品：詩〈席勒《鐘》之尾聲〉等。

・一八○六年　　五十七歲

夏，停留在卡爾斯帕得。十月，德、法兩軍在萊比錫附

・歌德的家與庭園

近交戰。法軍攻佔威瑪。由於克莉斯汀娜冒著生命危險救助歌德的勇敢行為，歌德遂與她在宮廷教堂舉行正式的結婚儀式。

◉作品：《浮士德》第一部完成。文藝、美術方面的論文，詩〈動物的變形〉等等。

·一八〇七年　　五十八歲

二月，《塔索》上演。四月，威瑪大公之母堂娜·阿瑪利亞去世。同月，貝蒂娜·布蘭特諾（十分崇拜歌德的少女）來訪。五月到九月，停留在卡爾斯帕得。秋，停留在葉那，並經常出入福洛曼家，且愛上米娜·赫爾茲利普。

◉作品：詩〈索尼特〉等。

·一八〇八年　　五十九歲

四月，將兒子奧葛斯特送進海德堡大學。五月到九月都停留在卡爾斯帕得。九月，母親去世。十月，在艾爾福爾德會見拿破崙。

◉作品：《浮士德》第一部出版。小說《漂泊的痴女》，慶祝劇《帕得拉》、《瑞士遊記》。

·一八〇九年　　六十歲

研究古代德國文學。春天及秋天都在葉那停留。威爾赫爾·葛利來訪。

◉作品：小說《親和力》（描寫支配自然界的親和力在兩對男女身上發生的作用），詩〈葉安娜·傑布斯〉等。

- 一八一〇年　　六十一歲

五月到八月，停留在卡爾斯帕得。八月到九月，停留在德布利茲。研究古德國建築。

◉作品：論文《色彩學》第一卷，詩〈釋明〉等。

- 一八一一年　　六十二歲

五月到六月，停留在卡爾斯帕得。九月，與貝蒂娜絕交（由於妻子與貝蒂娜爭吵）。

◉作品：《詩與真實》第一部。

- 一八一二年　　六十三歲

三月，辭去利馬祕書。四月到七月，停留在卡爾斯帕得。七月到八月，停留在德布利茲。在德布利茲與貝得威見面。十二月，拿破崙從洛西亞撤兵，經過威瑪時，曾向歌德致意。

◉作品：喜劇《賭》，《詩與真實》第二部。

- 一八一三年　　六十四歲

一月，威蘭德去逝。四月，普洛西亞軍、洛西亞軍、法軍都集中在威瑪附近。四月到八月，停留在德布利茲。十月，為了驅退法軍，威瑪一片混亂。

◉作品：詩〈誠實的艾卡爾德〉、〈觀察〉等。

- 一八一四年　　六十五歲

初夏，停留在貝爾卡，閱讀貝爾卡詩人哈菲斯的作品〈迪娃〉，並開始寫作《西東詩集》中的詩。七月，到萊因、緬因各地旅行，並遊覽海德堡。十月回到威瑪。

到蓋爾帕米里拜訪雷米爾，並與其夫人瑪莉安娜非常親近。

◉**作品**：《西東詩集》中的一部分詩，慶祝劇《愛比美尼提斯的覺醒》，《詩與真實》第三部。

・**一八一五年　六十六歲**

二月，威瑪的名號變成薩克森・威瑪公國。三月，《愛比美尼提斯》上演。五月到九月，到福蘭福爾德、威斯帕汀、凱倫等地旅行。九月末，與威雷美爾夫妻一起滯留在海德堡（與瑪莉安娜最後一次見面）。十二月，擔任國務大臣。

◉**作品**：小說《核桃色的女孩》，論文《德國劇場》，詩〈喜悅與痛苦〉等。

・**一八一六年　六十七歲**

・兒子奧葛斯特

・媳婦歐蒂莉亞

一月，接受大鷹十字勳章。四月，威瑪憲法正式公布。六月，妻子克莉斯汀娜去世。七月到九月，在田舒提德靜養。九月，夏綠蒂・凱斯多納（就是那位德威斯勒時代的戀人夏綠蒂）造訪威瑪，與歌德再次見面。

◉作品：童話《新美爾紀納》，遊記《義大利遊記》第一部，詩〈藝術家之歌〉等。

・一八一七年　　六十八歲

四月，被免除劇場監督的職務。四月到八月，停留在葉那。六月，兒子奧葛斯特與歐蒂莉亞結婚。研究化學。

◉作品：小說《五十歲的男人》，《義大利遊記》第二部。

・一八一八年　　六十九歲

從去年底到二月，都停留在葉那。四月，第一個孫子瓦爾特誕生。七月到九月，停留在卡爾斯帕得。

◉作品：寓言《狐與鶴》，詩〈偽裝隊伍〉、〈夜半時刻〉等。

・一八一九年　　七十歲

六月到七月，停留在葉那。八月底到九月底，停留在卡爾斯帕得。八月，阿爾多爾・休貝赫爾（哲學家）來訪。秋天，停留在葉那。與美提尼交往。

◉作品：《西東詩集》（描述因與瑪莉安娜之間的愛情而精神煥發的老詩人之歡欣與睿智的詩卷）出版。

・一八二〇年　　七十一歲

春天停留在卡爾斯帕得。夏天，停留在葉那。九月，第
二個孫子威福肯誕生。研究荷馬。

◉**作品**：詩〈澤明‧克杜寧〉之二。

‧一八二一年　　七十二歲

七月，到馬倫巴，並認識當地少女伍莉。秋天，停留在
葉那。閱讀拜倫、斯各特的作品。

◉**作品**：小說《威廉‧麥斯特遍歷時代》第一卷，詩〈帕
利亞〉、〈一人與萬象〉、〈澤明‧克杜寧〉之三等
等。

‧一八二二年　　七十三歲

與司法大臣米勒交往密切。六月到七月，停留在馬倫
巴。與伍莉母子的交情日益深厚。

◉**作品**：《法國從軍記》、《圍攻緬因茲》，詩〈艾爾斯
的豎琴〉等。

‧一八二三年　　七十四歲

春天，罹患心囊炎。三月，為了慶祝歌德痊癒，上演
《塔索》。六月，艾克曼來訪，並成為歌德的祕書。七
月到九月，都在馬倫巴、卡爾斯帕得。與伍莉斷絕情
緣，後寫下描述這段情緣的〈馬倫巴的悲歌〉。十一
月，再次臥病在床。

◉**作品**：詩〈馬倫巴的悲歌〉、〈澤明‧克杜寧〉之四～
六，等。

‧一八二四年　　七十五歲

四月，拜倫去世。與卡萊爾頗為接近。十月，海納來訪。

◎作品：《與拜倫的關係》、《拜倫的追憶》，詩〈威爾提爾〉等。

・一八二五年　　七十六歲

三月，威瑪劇場大火。九月，慶祝威瑪大公在位五十年。十一月，慶祝歌德就職五十年。

・一八二六年　　七十七歲

九月，看見席勒的頭蓋骨。同月，葛利爾帕澤來訪。十二月，亞歷山大・芬・凡玻爾德來訪。閱讀但丁。

◎作品：小說《短篇》，詩〈看見席勒的頭蓋骨〉等。

・一八二七年　　七十八歲

・歌德的好友艾克曼

・在馬倫巴認識的伍莉

一月，絲坦夫人去世。與瓦爾特・斯各特通信。十月，孫媳阿瑪誕生。十二月，改葬席勒。

◉作品：詩〈澤明・克社寧〉之七～九等。

・一八二八年　　七十九歲

六月，威瑪大公在從貝爾林回威瑪途中因急病去世。七月到九月，停留在德倫堡。迪克來訪。十一月，《浮士德》在巴黎上演。

◉作品：《與席勒的往返書信》，詩〈新郎〉等。

・一八二九年　　八十歲

一月，《浮士德》在布朗舒維克上演。八月，《浮士德》首次在威瑪劇場上演。

・七十九歲的歌德

◉作品：小說《威廉・麥斯特遍歷時代》，遊記《義大利遊記》第三部，詩〈遺言〉等。

・一八三〇年　　八十一歲

二月，威瑪王妃露易絲去世。四月，兒子奧葛斯特與艾克曼一起到義大利旅行。七月，巴黎發生七月革命。十月，奧葛斯特客死羅馬。十一月，歌德吐血。

◉作品：自傳《日年誌》，評論卡萊爾的《席勒傳》，詩《回憶》、〈譬喻〉等。

・一八三一年　　八十二歲

一月，寫遺書。五月，委託艾克曼出版遺稿。八月，完成《浮士德》第二部。同月，帶著兩個孫子到伊爾美納，並登上奇凱爾凡。十月，完成《詩與真實》第四部。

◉作品：《浮士德》第二部，《詩與真實》第四部。

・一八三二年　　八十三歲　逝世

二月，到庭園之家（最後一次到這裡）。三月十四日，最後一次散步。三月十六日臥病。十七日，寫信給凡玻爾德，內容有關《浮士德》。二十二日上午十一點半，與世長辭。葬在威瑪公爵的墓地。生前摯友席勒亦葬在此地。

國家圖書館出版品預行編目資料

歌德格言集，林郁主編，初版，新北市，
　新視野 New Vision，2020.1
　　面；　公分 --
　　ISBN 978-986-98435-2-2（平裝）
1.歌德（Goethe, Johann Wolfgang von, 1749-1832）
2.格言

192.8　　　　　　　　　　　　　　　108019044

歌德格言集

主　　編　林郁
出　　版　新視野 New Vision
製　　作　新潮社文化事業有限公司
　　　　　電話 02-8666-5711
　　　　　傳真 02-8666-5833
　　　　　E-mail：service@xcsbook.com.tw

印前作業　東豪印刷事業有限公司
印刷作業　福霖印刷有限公司

總 經 銷　聯合發行股份有限公司
　　　　　新北市新店區寶橋路 235 巷 6 弄 6 號 2F
　　　　　電話 02-2917-8022
　　　　　傳真 02-2915-6275

初版一刷　2020 年 1 月